メールカウンセリングの技法と実際

オンラインカウンセリングの現場から

中村洸太　編著

川島書店

は　し　が　き

　特定非営利活動法人日本オンラインカウンセリング協会（JOCA：ジョカ）は 1997 年に設立され，オンラインカウンセラーの養成・育成・スキルアップ等を目指した事業を展開してきた。設立から約 20 年，メールカウンセリングを取り巻く環境は大きく変化してきている。今回，本書の出版にあたり本協会が協力をさせていただいた 2006 年出版の『メールカウンセリング─その理論・技法の習得と実際─』を読み返してみたところ，現在では当たり前になっていることや，すでに下火になっているものなど，この 10 年においても大きな変化があることを改めて実感した。スマホの急速な拡大，Facebook や Twitter などの SNS や LINE などチャットツールのユーザーの増加など，インターネットを利用する手段や目的は多様化しているが，いつの時代もそこには人の心がある。時代性を考慮することも大切である一方で，常に人の心に寄り添うことが支援する立場の人には求められるものである。

　本書を読み進める前に，オンラインカウンセラーに求める倫理を大切にしていることを含め，本協会のスタンスをはじめに明示しておきたい。

　これまで本協会が主催してきたオンラインカウンセラー養成講座の受講の方々に，講座の申込時や，講座のはじめに受講のきっかけをお伺いすると，主にメールによるやりとりのテクニック（技術）を身に付けたいということを挙げる方がほとんどであった。しかし，人の支援はおおよそどのような関わりであったとしても，基本的には一番底辺に倫理・価値があり，その上に知識・情報が，そして一番上に技術が乗っかってくるものであると考えている。

　そもそも一番底辺を流れる SOUL，つまり倫理・価値がなければどんな支援も虚しいものとなってしまう。倫理・価値は，とりもなおさずクライエントの人としての権利を守る視点である。

　また，カウンセラーは孤独な稼業であり，倫理・価値を明確にしておくことは，閉塞した二者関係のなかで起こり得るカウンセラーによる無意識のクライ

エントに対する精神的支配や虐待への戒めでもある。目の前に相手の見えない中でのメールを活用した支援であればこそ，メールでカウンセリングを行う上での倫理や価値は，より一層カウンセラーが意識しなくてはならないことである。

　どんなに経験豊富であっても，人への支援に終わりはない。時に謙虚に，時に基本に立ち返ったり，スーパーバイズを積極的に受けたりすることを含め，本協会をぜひ有効に活用し，日々の自己研鑽やより良い支援に生かしてほしい。

　本書を手に取ってくださった皆様は，なんらかの形でメールでのカウンセリングを学ぼうとしている方が中心であろう。本書においては，知識や情報，技術を学ぶことに多くのページを割いているが，ぜひ各章の執筆者の根底に流れる SOUL を感じてほしい。本協会の理事を含め，様々な現場の第一線で活躍される方々に，各章やコラムの執筆を依頼させていただいた。執筆者のご尽力により本書は構成されている。そして，複数の執筆者によって構成している都合上，各章において執筆者による用語の使い方や若干の誤差を感じることもあるかもしれないことはぜひご承知いただきたい。しかし，それを超えた各臨床現場での知見を盛り込んでいただいているので，学ぶことは多いと確信している。

　また，オンラインカウンセリングを行う上では，一定の心理学に関する背景知識があることが望ましい。各章でなじみのないと感じられる用語もあるかと思う。ページの都合で用語の解説を割愛させていただいているのもご理解いただけると幸いだが，メールカウンセリングで寄せられる相談の中に馴染みのない固有名詞や表現に出逢うことも少なくはない。したがって，馴染みのない用語に出逢った際には，ぜひ各人でその用語を調べていき，どのような想いでその用語が使われているかを探ってみることも 1 つのスキルアップにつなげてみてほしい。

　本書は 2017 年現時点でのオンラインカウンセリングの到達点を記している。全 11 章と 8 編のコラムに触れることで，オンラインカウンセリングの面白さや奥深さ，活用の可能性を楽しんでいただければ幸いである。

　2017 年 1 月

　　　　　　特定非営利活動法人日本オンラインカウンセリング協会

本書の構成

　本書はメールカウンセリングについて，全11章と8つのコラムから構成されている。

　章では昨今のオンライン事情やインターネットにおけるコミュニケーションやインターネットに現れる人の心模様から，メールカウンセリングとはそもそもどようなものであるかの理論や歴史，そして，実際にメールカウンセリングを行う上での「読む力」や「書く力」をどのように身に着けていくか，そして，実際の事例の検討からメールカウンセリングを行う上での倫理，これからのインターネットにおけるカウンセリングの展望など幅広い内容を複数の執筆者のご協力のもとまとめ上げたものである。

　また，章とは別に，8編のコラムを紹介している。インターネットにおけるコミュニケーションの有効性や学習の場としての活用方法（コラム1），自分の想いを預けることができる場所としての機能（コラム2），メールカウンセリングのスキルアップを目指した学びの会の様子（コラム3・4），オンラインカウンセリングサービスの実践の様子（コラム5・6），メディアリテラシーの具体的な心構え（コラム7・8）など，いずれの内容もメールカウンセリングにも通じる内容であるので，メールカウンセリングの技法だけにとらわれずに，インターネットという世界に，人々の心がどのように投影されているのかを，ぜひ想像しながら読み進めていってほしい。インターネットや技術の発展が人々の心に与えた影響はとても大きい。こうした世の中の動きを感じながら，メールという手法で人々の心に寄り添える懐の広いカウンセラーを目指してもらえたら本望である。

目　　次

はしがき …………………………………………………………………………… i

本書の構成 ………………………………………………………………………… iii

第1章　インターネットに綴られるこころの世界 …………………… 1

1-1　はじめに──言葉の裏側にあるものへ想いを馳せる　1

1-2　デジタルネイティブの時代　2

1-3　ユビキタス社会におけるコミュニケーション　4

1-4　インターネットに見るこころの世界　6

1-5　インターネット依存に現れる現代のこころ　9

1-6　おわりに　13

第2章　メールカウンセリングとはなにか ……………………………… 19

2-1　インターネットの普及とその人間関係に対する影響　19

2-2　遠隔カウンセリングとは　22

2-3　メールカウンセリングに対するニーズ　26

2-4　何がメールカウンセリングの専門的関係を構成しているのか　27

2-5　メールカウンセリングの臨床上の特性　30

2-6　メールカウンセリングにおける臨床上の懸念事項　35

2-7　メールカウンセリングのメリットとデメリット　39

第3章　メールカウンセリングの理論と学習 …………………………… 49

3-1　メールカウンセリングの学習　49

3-2　メールカウンセリングの基本スタイル　57

3-3　他のカウンセリングとの相違　70

3-4　メールカウンセリングの危機介入　71

目　次　v

第4章　メールカウンセリングにおける見立て・方針・援助 ……… 76
- 4-1　メールカウンセリングで陥りがちなパターン　77
- 4-2　相談援助活動全般のプロセスと考え方：総論　78
- 4-3　関わりの初期段階に必要な留意事項：各論　82

第5章　メールカウンセリングの学び方とその事例 …………………… 93
- 5-1　学びの基本　93
- 5-2　学び方：対応のヒント　96
- 5-3　相談のこころがまえ　99
- 5-4　学び方：事例で考える　99
- 5-5　質問の対応　105
- 5-6　相談および相談過程の見立て　107
- 5-7　見立てがたてられない時　111

第6章　メールカウンセリングのスキルアップ ……………………… 115
- 6-1　メールカウンセリングとは　115
- 6-2　メールカウンセリングの特徴　116
- 6-3　読解力のスキルアップのために　117
- 6-4　メールカウンセリングの返信：構成の立て方　119
- 6-5　その他：メール技術の活用　131
- 6-6　おわりに　134

第7章　メールカウンセリングに必要な　　精神疾患の基礎知識と支援 ……………………………… 138
- 7-1　メールカウンセリングにおける精神疾患の基礎知識の必要性　138
- 7-2　ライフ（Life：生命・生活・人生）という捉え方　139
- 7-3　人生の「転機」と「成長」　140
- 7-4　精神疾患の基礎知識　143

第8章　さまざまなメール相談とそのすすめ方 ……………………… 162

8-1　シンプルな相談　162

8-2　家族を含めた相談　174

8-3　介護の相談　178

8-4　むずかしい相談　181

8-5　相談のすすめ方のまとめ　182

第9章　事例検討
　　　　——恋愛に関するメールカウンセリングのやりとりから ……… 186

9-1　はじめに　186

9-2　メールカウンセリングの展開（1クール目）　186

9-3　まとめ：カウンセラーの対応について　190

9-4　考察　193

第10章　オンラインカウンセリングの展望 …………………………… 194

10-1　LINEの普及　194

10-2　チャットの利便性　195

10-3　チャットカウンセリングの可能性　196

10-4　ビッグデータの活用とIoT　198

第11章　インターネットと倫理 ………………………………………… 202

10-1　インターネット上における課題　202

10-2　オンラインカウンセラーの倫理　204

10-3　インターネットカウンセリングサービスに関する倫理規定　211

特定非営利活動法人日本オンラインカウンセリング協会について ……… 216

索引 …………………………………………………………………………… 220

執筆者紹介 ……………………………………………………………… 223

あとがき ………………………………………………………………… 227

〔コラム〕

1. スマホ時代の新しいネットコミュニケーション ……………………… 15
2. 性的指向および性自認を理由に
　　　　困難を抱える人への支援について考える ……………………… 45
3. JOCA 地域勉強会のご紹介 …………………………………………… 73
4. 横浜勉強会での試み …………………………………………………… 90
5. オンライン相談機関の運営 ………………………………………… 112
6. オンラインカウンセリングの cotree の実践から ………………… 135
7. 就活生が気をつけたいネットマナー ……………………………… 160
8. ネットトラブルで人生を台無しにしないチェックリスト ………… 184

第1章 インターネットに綴られるこころの世界

1-1　はじめに——言葉の裏側にあるものへ想いを馳せる

　第1章ではメールカウンセリングを学ぶ前に，すこし俯瞰して現代のインターネット事情やインターネット上におけるコミュニケーションなどを一緒に考えていきたい。

　インターネットを取り巻く環境の発展は言うまでもなく急速である。メールカウンセリングで使われるデバイスや，使う人の心持も時代によって大きく変わってくる。たとえば，メールカウンセリングというと，普段言えずに悩んでいることを，パソコンの前で悩みに悩んで，推敲を重ねた文章をメールに託す，という印象がないだろうか。メールでの相談というのは，周囲の人に言えずに，悩みに悩んだ想いをようやく解き放つ，「王様の耳はロバの耳だ」と人目につかないところで叫ぶのに似たような，どこか特別な意味があるように思う。もちろん今もそうした意味合いがなくなったわけではないが，昨今のメール相談では「衝動的」「とりあえず言ってみた」「とりあえず答えがほしい」というような傾向も強くなっているような印象がある。具体的に，統計をとったわけではなく，あくまで筆者の印象であるが，「死にたい」「仕事辞めたい」などという短文のメールを目にすることも少なくはない。もちろん，短いから想いが込められていないというわけではない。

　しかし，メールというツールが非常に身近なインフラになったことで，以前よりも気軽に「とりあえずちょっと送ってみよう」という感覚の相談者も増えたのではないだろうか。つまり，本当に「死にたい」ことを伝えたいのではなく，「死にたいくらいに辛いことがあって，その想いを抱えきれないから"死

にたい"という言葉に込めて吐き出した」ということである。

　感情が高ぶった際に，衝動的に相談を送ることも，携帯電話やスマートフォンが身近になったことから可能になったといえる。実際，カウンセラーが返信を送ったころにはすっかり落ち着いていて，相談者の問題意識は影を潜めているようなことも少なくはない。しかし，1文の相談を受け取ったときに，どのように返信をすればいいか返答に悩むカウンセラーは少なくはないだろう。その1行の相談の裏には，切羽詰まっている可能性，衝動的に送った可能性，言葉がまとまらなかった可能性，何かとにかく吐き出したかった可能性，助けての代わりに発した言葉である可能性などさまざまな可能性を秘めている。

　メールカウンセリングを学ぶ上でこうした時代性を背景知識として備えておくことは，よりよい支援を提供するためにも有意義である。そして，これから5年たてばさらに大きな変化もあるだろう。現状に留まらずに，常に時代と合わせて相談者の心を読み解く気持ちも忘れないでいてほしい。現代におけるコミュニケーションやインターネット上に綴られる心について考えることで，読み手の方がよりよいメールカウンセリングの実践者となることを願って第1章を書き進めていきたい。

1-2　デジタルネイティブの時代

　インターネットを介したコミュニケーションはもはや珍しいものではなくなった。現代のネット社会において，ネット上でのコミュニケーションはもはや対面でのコミュニケーションと変わらない程度に重要度を増していると考えられ，その中でうまくやっていける能力を身につけることは非常に重要なことである［倉澤，2014］。2016年6月29日に総務省が発表したデータによると2016年3月末時点における日本の携帯電話（従来型携帯電話（ガラパゴス携帯，ガラケー）とスマートフォン（スマホ）の双方を含む）の普及率は，2015年国勢調査における日本の総人口約1億2,711万人に対して154.0％の値を示すこととなった。100％を超えている背景としては，2台持ちなどの要因もあるだろう。また，未成年やシニア層への普及の加速などは，普及率が年々上昇している要因としても考えられる。

物心がついたころからネット環境や携帯電話があるのが当たり前であるという「世代性」や，ネット環境や携帯がインフラのように整備されている「時代性」の二面を踏まえると，私たちが生きる時代はまさにデジタルネイティブな時代であるといえる。

近年，コミュニケーションの媒体は多様化しており，その中でも携帯電話やスマートフォンによる個人同士のダイレクトなコミュニケーションの発展は目覚ましいものがある。私事ではあるが，筆者は中学生のころに，相手の家に電話をかけるとき「○時に電話をかけるから，必ず出てね」と約束をし，それでも家族が出てしまうのではないかとドキドキしながら電話をかけていた記憶がある。2000 年以降，携帯電話が普及してからは意中の相手と電話をしたいときに家族が電話に出てしまい気まずい思いをした経験や，待ち合わせ場所で落ち合えない経験などは，以前に比べてぐっと減っているのではないだろうか。また，新人ビジネスマンのビジネスマナー研修を行った際に，電話の出方の練習をしようとすると，固定電話に出たことがある人が参加者の中に誰もいなかったというような話も，実際に耳にする機会が増えた。

携帯電話があれば，ダイレクトに相手に連絡をとったり，遅刻の連絡や細かい場所の確認をリアルタイムで行ったりが可能なので，最小限のステップで相手とコミュニケーションをととることが可能である。ダイレクトさや即時性などの点では大変便利である。先述の「家族が出たらどうしよう」という記憶は今となっては甘酸っぱい思い出だが，当時の自分に選択肢があったなら，迷わずに携帯電話での連絡を選択するだろう。家族が出るだろう中で電話をかけるので，昔の人の方が電話のマナーなどの練習ができていたといわれることがある。結果論としてはそうだろうが，便利さと懐古の情は別にして考える必要もあるだろう。

このように相手と即自的に連絡が取れることが前提となっている現代においては，ネットで発言をしたり，コミュニケーションをしたりすることは，特別なことではなく，おしゃべりのような感覚に近いと考える。学校の帰り道でおしゃべりをするのと同じように，相手とやりとりをしているだけなのだ。このように時間や場所を選ばずに相手とコミュニケーションをとることが可能となった象徴として SNS[†1] がある。

†1 SNS：Social Networking Service（ソーシャルネットワーキングサービス）。
Twitter や Facebook などインターネット上で，人と人のつながりを支援するコミュニ
ティのような Web サイトやネットサービスのことを指す。

梅田ら［2007］は，SNS の利用者に対する質問紙調査から，大学生のタイプについて，自分自身を周囲に理解してもらいたい「自己開示タイプ」(16.7%)，友人との交流を第一の目的と考える「交流主体タイプ」(38.9%)，日記から友人のことを知りたい「友人情報取得タイプ」(25.0%) を見出している。SNSと一言にいっても，利用の仕方は個人差が大きい。SNS が身近なコミュニケーションツールとなり，さらに，SNS では，以前であればやりとりができないであろう芸能人や著名人ともやりとりをすることが可能となっている。今まではつながれなかったような人とつながれ，即自的なやり取りが可能となったため，今度は返信ももらえるのが当たり前のように，要求がエスカレートする事例も少なくはない。Twitter 上で 1 分おきに芸能人に返信要求を送り続けている人や，相手からの連絡が取れないことにイライラしてメールや LINE を送り続ける人は，あまり珍しくない。固定電話が主流の頃にも同様のタイプはいたと思われるが，現代の方がその敷居は低くなっているように感じる。筆者のカウンセリングの現場でも，以前なら携帯電話がないから休日に会社からの電話につかまらなくてもすんだのに，携帯電話があるおかげで会社からの電話から逃れられないことがストレスであるという声をよく耳にする。

1-3　ユビキタス社会におけるコミュニケーション

ユビキタスという概念が社会に定着して数年が経過している。ネット上のフリー百科辞典である wikipedia によると，ユビキタス社会とは「いつでも，どこでも，何でも，誰でも」がコンピューターネットワークを初めとしたネットワークにつながることにより，さまざまなサービスが提供され人々の生活をより豊かにする社会であるという（余談だが，真偽はさておき，調べごとをするときに書籍で調べるよりも wikipedia をまずは参照する人も少なくないのではないか）。ユビキタスはコミュニケーションにかぎらず，以前ならゲーム，音楽，TV，映像，書籍，財布，スケジュール帳，メモ帳などバラバラに持参し

ていたものが，スマートフォン1台に集約されている面にも垣間見える。スマホ依存が社会問題として深刻ではあるが，以前ならバラバラに利用していたものが，1台に集約されたことにより，結果としてスマホを利用する時間が多くなっているように見える場合も少なくはないだろう。

　また，現代において，私たちが触れることのできる情報は膨大である。真偽に限らず，自分が必要な情報を見極めていくことの重要性はネットが普及し始めてから一貫して求められている。ネット上の情報を見極めていくというのは，スマホやPCを含む広義の「インターネット」を私たちがどのように使いこなしていくかという点にも類似している。

　石井［2016］によると，インターネット利用行動への文化の影響を国際比較データ（World Values Survey）を用いて分析したところ，日本人は，チャットやメッセンジャーなどの利用率が低いのに対して，ブログやTwitterのように匿名的コミュニケーションの利用が活発であり，インターネットへの信頼は低いという傾向がある。日本の国民性にも類似するような印象ではあるが，一般に和を重んじて協調性を大事にすると言われる日本人においては，LINEやTwitterにおいても「つながりたがる」習性があるように感じる。そして，つながったはいいのだが，つながったことによる窮屈さを感じ，それでもつながりを断つことができず，自分で自分の首を絞めて辛くなってくるような傾向は日本人の特徴のように感じる。こうした集団における窮屈さが，オンラインとオフラインをわけて，非匿名性があるように感じられるインターネット上で，日常で接点が少ない人とのコミュニケーションを求めるところに繋がっているようにも感じられる。しかし，近年はFacebookの本名での登録も含めて，現実生活（≒オンライン）でも関わりがある人とオンラインでもつながる等，匿名性が薄れ，オフラインとオンラインの境界が曖昧になっている面もある。使い分けている人も少なくはないが，こうした心理的な背景を考慮しつつ，インターネットをどのように活用していくことが自分たちにとって有効であるのかを考えることは，デジタルネイティブ時代において非常に大切なことである。

　インターネットは本来現実の生活を充実させていくための便利な道具である。しかし，その便利さや多機能性に私たち人間がふりまわされてしまうのでは，意味がない。メールという文字だけの文章に絵文字や顔文字をつけることを編

み出し，インターネット上でのコミュニケーションを円滑にした意味で意義深い。近年よく利用されている LINE では言葉を打ち込まなくても，スタンプと呼ばれる表情や多種多少なイラストを送ることが可能である。これは文字だけのやりとりにイラストというノンバーバルな情報を付け加えることで，より円滑なコミュニケーションを行うことを可能にしていると考えられる。言葉を交わすのは得意ではないが，スタンプをお互い送りあうことで，仲が深まった長年連れ添ったカップルもいる。こうした工夫を重ねてより良いものを目指すスタンスは有意義である。

　人間は便利さに貪欲な生き物である。携帯電話やインターネットに限らず，今の私たちには思いもつかないような進化や発展を遂げていることがこれからの未来にも予想される。道具はあくまで人間が使いこなすものであって，ふりまわされない意識が必要である。「習うよりも慣れよ」という意見も少なくはないだろうが，慣れるためには，一定の経験や知識も必要となるので，メディアリテラシーを身につけるような機会は，学校教育など社会の中で積極的に持てることが望ましい。

1-4　インターネットに見るこころの世界

　インターネット上では日常での関わりや利害関係がない分，普段言えないような本音を吐き出すことが可能であるという意見がある。この点について考えたいと思う。

　確かに，普段言えずにため込んでいることをインターネット上に吐き出すことで，気持が楽になったり，自分の周囲とは違った意見に触れることができたり，日常生活の中では共有しにくい話題や趣味などを分かち合えることが可能である（表1-1）。

　例を挙げれば，枚挙にいとまがないが，インターネットに自分の心を書きだすことには一定の意義はある。しかし，そこに書かれていることの全てが本音や真実ではないという点も同様に重要である。

　確かに，現実の世界では本音を隠し，時には嘘をついて暮らしているという一面は実際にあるだろう。しかし，インターネット上の発言が全て本音をさら

第1章　インターネットに綴られるこころの世界　*7*

表 1-1　インターネット上に現れる普段話しにくいことの例

○誰にも話せない辛い気持をネットに吐き出すことで自分が保てた。
○相談サイトで相談をして，いろいろな人が心配して送ってくれた返信に救われた。
○中学から高校に進学した際に，新しい環境や人間関係に馴染めず，別の学校の友人と休み時間などにやりとりをすることで学校生活をなんとか頑張れた。
○単身赴任で家族と離れていてもメールや写真，ビデオチャットなどで連絡が取れることで身近に感じられて安心感があった。
○個人ブログを書くなかで相手からのフィードバックをもらえることで，自己承認を満たして，自信が持てた。
※承認欲求が強くなりすぎて，プレッシャーに転じることも少なくはない。
○セクシュアルマイノリティの人が世界にたった1人しか自分のような人がいないのではないかと思ったときに，当事者の人とつながれて，自分だけではなかったと思えた。
（コラム2参照）

け出しているかと言われたら，そうではない。

　インターネット上では，自分自身をいくらでも偽装することもできる。実際の自分を隠して，人から賞賛され，羨ましがられるようなことを書き綴る人もいる。この背景には，現実世界での満たされない気持ちを解消するための手段としてインターネットを活用していることもあると考えられる。この点については後述のインターネット依存のところでも触れたいと思う。

　インターネット上では目の前に人がいないから，意見を書きやすいといわれているが，実際は目の前にいないのではなく，目の前の人が見えにくいだけなのだ。インターネットでの発言とは，人が行き交う街の中において大声で叫んでいるようなものだ。自分自身の発言が書かれたプラカードを掲げて人混みの中に立っているようなイメージを覚えておくことは大切である。セキュリティのかかった空間だとしても，そこに参加している人から情報が流出してしまうこともあるので，セキュリティが整っているからといって完全に安心はできない。とはいえ，人混みの中では言えないことを吐き出したい空間であることも否定はできないので，いずれにしても自分の発言が人からどう見られるのか，その発言が悪影響をおよばさないかなど，自分の発言には責任が伴うのはイン

ターネット上でも同じであることは覚えておきたい。

　特にインターネット上で何か失言があると，その発言の間違いを指摘するだけにとどまらず，間違っている投稿を悪意を持って拡散したり，抽象的なコメントを添えて自身の発言として投稿したり，だんだん過激になると，その方の人格を否定するような言葉を並べたり，過去の発言や発言主の個人情報を事細かに調べ上げて，晒しあげるような場合もある。この現象は芸能人や著名人について起こりやすいことではあるが，いわゆる「一般の人」でも起こることで，実際に発言が問題となり，学校や会社などから指導や罰が入ることも少なくはない。メールカウンセリングの長所は文字が形に残り，相談者が何回も読み直せる点にもあるが，これは同時に相談者の回答が魚拓のように拡散される可能性が低くはないこととも同義といえる。

　芸能人や著名人のスキャンダルが発覚すると，「死ね」「消えろ」「クズ」「生きている価値がない」など否定的な発言が恐ろしいほどに飛び交う。炎上するような発言に対して発言主はその発言の責任を意識しているか，また言葉どおりに相手に死んでほしいのかと言われたら，どちらもそうではない場合が多いのではないか。また，中には，インターネット上で，ストレス発散のように私生活での苛立ちをぶつけたり，自分自身の感情が暴走して，残酷な言葉や汚い言葉になっていたりすることも少なくはないだろう。

　つまり，メディアなどで叩かれている人を，匿名で口汚く罵る人々が綴る言葉は，その言葉自体よりも，言葉遊びをしていたり，自分の日頃の鬱憤をぶつけている側面もあるのだ。そして，インターネット上で暴言を吐いて，注意を受けた人は「そんなつもりではなかった。本意ではない。日ごろイライラしていて」と後になって弁解をする。

　インターネット以前は，自分の中にあるさまざまな感情や考えなどは，心の中で蓋をされていたり，日記や作品などに形を変えて記されたり，折に触れて誰かに伝えられていたのだろうと思う。つまり，自分の中で一定の自主規制がかかりやすい状態だったといえる。

　しかし，デジタルネイティブ時代においては，目の前の相手が見えにくく，おしゃべりのように・反射神経のように想いを吐き出すことができるため，頭での理解よりも先に一瞬の感情に押し出されて言葉を吐き出してしまいやすい

のだ。インターネット上に「死ね」と書くことや，一時期問題となった「ふざけ画像」をインターネット上に投稿することの善悪を問われたら，多くの人はだめだと答えるだろう。それだけの理性は持ち持ち合わせている人は実際少なくない。しかし，その理性を越えて，インターネット上で「口が滑ってしまう」のだ。これが実際に面と向かったおしゃべりの中であればまだいいのだが，インターネット上で行うと，発言の痕跡が残ってしまうため，半永久的に残ってしまう可能性がある。

　言葉には，自分の感情を外部に伝達するという性質がある。インターネットは，プライベイトな空間ではなく，TVやラジオなどと同様に外部に向けて広がっている世界である。そこでの発言は，個人の範疇にとどまらず，公の場であるという認識が大切である。したがってその言葉を発した人は，その言葉に対して責任を持つことが求められる。

　しかし，インターネットで発言する人は，そのことを忘れがちである。公の場であるインターネットに記述する際は，まず，自分の発言が他人を傷つけるものではないかと自問することを忘れないでほしい。

　インターネットに綴られる言葉の中には，その人の大切な心が反映されていることもあるが，その一方で，言葉そのものの意味よりも言葉の背景に，日常生活の不満からのいらだちをぶつけているだけ，自分のストレス解消，自分の自信のなさやコンプレックスからの逃避，ナルシスティックな自己承認欲求の表れなどもあることも是非覚えていてほしい。詳しくは本章以降で述べられるが，メールカウンセリングの初学者は，書かれている文字情報に意識が向かいがちである。どうしてこの言葉を使っているのか，この相談をしたきっかけは何なのだろう，この発言はどういうプロセスを経て発せられた言葉なのだろう，と言葉の奥を見ようとする意識を大切にしてほしい。

1-5　インターネット依存に現れる現代のこころ

　インターネットと人の心を考えたときに，社会問題の形となって表出しているのが，インターネット依存（ネット依存）の問題である。

　独立行政法人国立病院機構久里浜医療センターが厚生労働省の科学研究の一

環として行った調査によると，2012年10月より行われた中高生約14万人を対象に実施した調査（有効回答数約10万人）では，ネット依存が強く疑われる「病的な使用」が8.1％にのぼり，厚生労働省の研究班はこの結果から，ネット依存が強く疑われる中高生が51万8千人にのぼると推計をした。ネット依存の推定にはキンバリー・ヤング（Young, K. S.）により作成されたDQ（Diagnostic Questionnaire）の邦訳版（表1-2）が使用されている。

　同センターのネット依存専門外来を訪れる患者の約7割が中高大生だという。その多くが，インターネットを介したゲーム，オンラインゲームにはまっているようである。オンラインゲームでは，同じゲームに参加している不特定多数の人と，インターネットを通して，チームを組み，実際にチャットや音声でやりとりをしながら，ゲーム内を冒険することができる。チームの中では攻撃や防御など役割があるので，それぞれに役割が与えられて，コミュニケーション

表1-2　Diagnostic Questionnaire の邦訳版

1．あなたはインターネットに夢中になっていると感じていますか？（たとえば，前回にネットでしたことを考えたり，次回ネットをすることを待ち望んでいたり，など）

2．あなたは，満足をえるために，ネットを使う時間をだんだん長くしていかねばならないと感じていますか？

3．あなたは，ネット使用を制限したり，時間を減らしたり，完全にやめようとしたが，うまくいかなかったことがたびたびありましたか？

4．ネットの使用時間を短くしたり，完全にやめようとした時，落ち着かなかったり不機嫌や落ち込み，またはイライラなどを感じますか？

5．あなたは，使い初めに意図したよりも長い時間オンラインの状態でいますか？

6．あなたは，ネットのために大切な人間関係，学校のことや，部活のことを台無しにしたり，あやうくするようなことがありましたか？

7．あなたは，ネットへの熱中のしすぎをかくすために，家族，学校の先生やその他の人たちにうそをついたことがありますか？

8．あなたは，問題から逃げるために，または，絶望的な気持ち，罪悪感，不安，落ち込みなどといったいやな気持から逃げるために，ネットを使いますか？

評価方法：5項目以上該当すれば「インターネット依存の疑い」とする。

をとりながら，チームで進めていく。ゲームは時間や労力をかければきちんと
レベルが上がっていくものも多い。したがって，ゲームを通して，自己承認や
達成感，人とのつながりが得られるので，そこが自分の世界のようになってい
く者も少なくはない。実際「自分のリアルな日常」では人間関係も成果などが
うまくいかないことばかりで，ゲームの中では，仲良くしてくれる人がいたり，
称賛してくれたり，達成感が得られるのであれば，そこにのめりこんでしまう
のもわからない話ではない。

　しかし，メンバーが集合する時間は，夜中になることも多く，そのまま夜
じゅうずっとプレイをしていると，すぐに昼夜逆転をして，日中の活動が困難
になったり，食事の時間を惜しむようになって，栄養失調になったり，エコノ
ミー症候群のような状態になる場合も珍しくはなく，現実生活に支障をきたし
てしまうことが出てくる。インターネット依存者に発生しやすい諸問題として
表 1-3 に示したものなどがあげられる［中村，2014］。

　それでも，オンラインの中から出てくることが難しい背景には，現実世界の
生き辛さや，ネットの中の心地よさが挙げられると考えられる。特に，ネット
の中であれば自分の心をさらけ出しやすい，もうすこし言えば都合のいい部分
だけを切り取ることや，一部虚偽を混ぜることで「自分にとって都合のいい自
分」を演出することもできる。そうして，オンライン上の自分が本当の自分の
ような感覚に陥り，そこから抜け出しにくくなってしまうことも少なくはない。

　また，インターネット依存にはまりやすい性格としては表 1-4 のような性格

表 1-3　インターネット依存者に発生しやすい諸問題

○身体面：眼精疲労　視力の低下　運動不足　頭痛　腱鞘炎　腰痛　体力低下
　　　　　骨密度低下　エコノミー症候群　栄養失調
○精神面：ひきこもり　睡眠障害　昼夜逆転
○学業や仕事：成績低下　留年　退学　勤務中の過剰なネット利用　欠勤　解雇
○経済面：無職　浪費　多額の借金
○家族や対人関係：浮気　離婚　育児怠慢　子どもへの影響　友人関係の悪化
　　　　　友人や恋人を失う
○犯罪面：いじめ　ストーカー　不正アクセス　殺人事件

表1-4　インターネット依存にはまりやすい性格

○目の前にやることがあっても，楽しい方に流れやすい
○目立ちたがり　注目されたい願望が強い
○寂しがり屋
○同調圧力に弱い
○暇な時間を持て余しやすい
○ストレスが高い
○人づきあいが苦手
○こだわりが強い
○発達障がい傾向がある
○新しいものが好き
○まじめな性格

があげられる［中村，2014］

　これを見ていずれか当てはまる要素があった方は少なくないのではないだろうか。つまり，こうした性格要因に加えて，現実世界の躓きなどがあると，現実逃避のような側面からネット依存に足を踏み入れる人も少なくはない。

　では，依存状態となった本人だけの問題かといわれたらそうではない。そもそも，現在のオンラインゲームやネットのコンテンツは非常によくできている。たくさんのアイテムをそろえるために課金を繰り返すようなギャンブル的な要素があったり（コンプガチャ），新しい機能やキャラクターが絶えず追加されるなどして，プレイヤーが飽きないような工夫もちりばめられている。まして，遠く離れている場所にいる人とも一緒にプレイができるようなこともあり，人とのつながりを持つこともできる。こうした嗜好概念の充足や人とのつながりも可能となる特徴も手伝っているが，ゲームなどの制作サイドからすれば，長く楽しんでもらえ，お金を出してもらえるようなコンテンツを作成することは当然であろう。この点を言い換えると，そもそも「依存させやすいコンテンツ」なのだ。したがって，一概にプレイヤーの自制心など個人要因だけの問題ではないのである。

　その他にも現実からの逃避としては，インターネット依存の背景に，家族問題や日常生活での躓きや人間関係のトラブル，広汎性発達障がいやADHDな

**表 1-5　ネットトラブルアドバイザー養成講座
カリキュラム（参照）**

○ネットにまつわる現状とこれまでの変遷
○最近のネットコミュニケーション事情
○子どもとネット―対応は素早く，しかし焦らずに―
○人とネット
○トラブル事例とその背景にある心理的要因の考察
○ネットトラブル事例への対応策
○デジタルデトックス　など

どの発達障がい，社交不安障害などが潜んでいることも少なくはない。インターネット依存の治療に際しては，単にゲームを取り上げるなどだけではなく，こうした背景問題にも目を向ける必要がある。特に子どもがインターネットに依存している傾向があると，心配した家族はいかに依存状態をやめさせようかと苦慮することが多いが，インターネット依存が単に表に出てきている問題だった場合，家の中で暴れたり，非行を繰り返したりするようになるなど，別の問題にすり替わるだけのこともある。背景に別の問題が潜んでいる可能性もぜひ覚えていてほしい。

　治療等の話は紙面の都合上割愛させていただくが，インターネット依存の対策やその他インターネットにまつわる問題などを専門的に学ぶ場としては，特定非営利活動法人日本オンラインカウンセリング協会（JOCA）において，ネットトラブルアドバイザー養成講座（表 1-5）を行っている。講座終了後の試験に合格すると，認定資格の付与を行っているので，興味がある方は日本オンラインカウンセリング協会の Web ページをご参照いただきたい。

1-6　おわりに

　メールカウンセリングを学ぼうと本書を手に取られた方は，メールカウンセリングとは離れた内容が本章では書き記されていたように感じた方もいるかもしれない。しかし，人の心はその時代の影響を強く受けるものである。メール

カウンセリングで大切なのは，文字に書かれた情報だけではなく，その奥にある人の心に触れようとする姿勢だと筆者は考える。それが本章以降でも詳しく述べられる「アセスメントのスキル」である。こうした時代性を念頭に置いたうえで，メールの奥にいる相談者を思い浮かべ，相談者にメールを通して寄り添えるカウンセラーになっていただきたい。

〔引用・参考文献〕

遠藤美季　2013　脱ネット・スマホ中毒　誠文堂新光社

平成26年度インターネット依存の診断・治療に関する研修テキスト　独立行政法人国立病院機構久里浜医療センター

今津孝次郎　2013　中高生のためのケータイ・スマホハンドブック　学事出版

石井健一　2016　インターネット利用と文化：国際比較データによる分析　メディア・情報・コミュニケーション研究2016年，第1巻，1-14.

倉澤寿之　2014　ネットコミュニケーションとその教育への応用に関する最近の研究動向　白梅学園大学・短期大学情報教育研究，No.17, 15-22.

武藤清栄・渋谷英雄（編著）2006　メールカウンセリング―その理論・技法の習得と実際―　川島書店

中村洸太　2014　デジタルネイティブ世代を生き抜くネットトラブルアドバイザー養成講座テキスト　日本オンラインカウンセリング協会

総務省　2016　6/29 電気通信サービスの契約数及びシェアに関する四半期データの公表（平成27年度第4四半期（3月末））

梅田恭子・内藤祐美子・野崎浩成・江島徹郎　2007　大学生を対象としたSNSのWeb日記によるコミュニケーションの検討　日本教育工学会論文誌, 31 (suppl.), 69-72.

> **コラム1**

スマホ時代の新しいネットコミュニケーション

スマホ時代への変化

2016 年，スマートフォン（スマホ）が普及し，シニア世代から子どもたちまで性別年齢問わず，スマホで毎日簡単にインターネットを利用する時代，まさに〔スマホ時代〕となった。内閣府が 2016 年 4 月 8 日に発表した消費動向調査によると，2015 年度のスマートフォンの世帯あたりの普及率が従来型携帯電話（ガラケー）を初めて上回り，スマホの普及率は約 7 割（67.4 %）となっている。

大きな変化としては〔メール〕から〔LINE〕に移り，〔電話〕さえも〔ネット通話〕で可能となった。また，とても多くの方が Facebook や Twitter，アメブロや Instagram などの〔SNS〕（ソーシャル・ネットワーキング・サービス social networking service）を使うようになっている。実際に筆者も仕事のやりとりは基本的に LINE か Facebook メッセージでやりとりをすることが多い。メールを使う機会は激減しているのが実際だ。

今や，スマホ 1 つで世界中どこにいてもインターネットに繋ぐことができて，世界中の人と簡単に繋がれるようになったのである。そのため学校を卒業しても SNS などスマホを通して繋がっていたりするので「卒業式が悲しくなくなった」という時代になり，「さようなら」ではなく「じゃあね，またね」となり，「さようなら」が死語となり，使わなくなる時代にもなりつつあるように感じる。

また，今までは〔インターネット〕をやろうと思ったら〔PC〕が必須だった。簡単な表計算や文章作成，メールやネットサーフィンはノート PC で移動中にもできたが，ノート PC は重く，ネット環境も決して快適とは言えないことも少なくはなかった。

ところが，スマホが出てきてからは〔インターネット = PC〕という固定観念を見事に崩したといえる。また，その波はカメラの業界にも大きな変化を与えた。一昔前の〔写真 = カメラ = フィルム〕から〔写真 = デジカメ = SD カード〕に変化し，スマホが出てきてからは〔写真 = スマホ〕である。むしろ〔動画 = ビデオカメラ〕もスマホに集約されて，スマホ 1 台で簡単に何役もこなすことができるようになった。その便利さと，インターネット環境が整ったことで，SNS やブ

ログに写真投稿や動画投稿をすることが非常に容易になった。

　そうすると，便利で簡単なスマホを駆使するようになり，相手の顔色や場の空気を気にする対面でのコミュニケーションよりも，気楽にコミュニケーションできるインターネットコミュニケーションがむしろメインコミュニケーションになりつつある雰囲気さえも感じる。

　それがスマホ時代の新たなコミュニケーションの手段である。

インターネットオンラインの〔オープン〕と〔クローズ〕

　スマホ時代以前は〔オンライン〕というと一般的にはすこし躊躇するもので，オンラインチャットやオンラインネットワーク，オンライン掲示板，オンラインゲームなどなど，オンライン上では匿名性が高く〔別の自分〕として楽しんでいる方も多かったが，スマホ時代からは〔知っている人とオンライン上で繋がる〕ということがとても多くなった。名刺交換をする際にも，「はじめまして，○○と申します。Facebook とかやってますか？　繋がりましょう」という流れは今では珍しい光景ではない。つまり〔オフラインの友達はオンラインでも繋がって，近況報告や連絡を気軽に，頻繁にとり続ける〕という関係性がごくごく当たり前に，日常的に行われるようになっているのだ。

　そして，インターネットは日常の仕事を終えたプライベートな時間だけの〔娯楽〕として楽しむだけではなく，塾や学校，セミナーなどの〔学びの場〕でもインターネットは使われるようになってきている。

　その特徴としては〔クローズなオンライン〕ということだ。つまり，誰でも見ることができるオープンな環境ではなく，限られたメンバーのみが参加可能なクローズな環境のことを指す。Twitter にも鍵をかけて仲間だけに発信したり，Facebook でも秘密の非公開グループを作ることが可能である。それが〔クローズなオンライン〕という場である。

　筆者は，コミュニケーションや感情表現，人間関係をスムーズにして魅力的な人になることを目標としたスクールを運営している。このスクールでは，従来の学校のように対面で会って教える授業スタイルの〔オフライン授業〕と，Facebook の非公開グループや LINE でのチャットを使ったインターネット上での〔オンライン授業〕を生徒のスタイルに合わせて一人ひとり個別のオーダーメイドのように組み立てている。このオンライン授業は〔クローズなオンライン環境〕で作られている。

　オンライン授業のメリットは，住まいが遠くても学べる，移動時間がいらない，

また，人見知りや恥ずかしがり屋，自分に自信が無い，コミュニケーションを学ぶのが恥ずかしい，生徒みんなで一緒にコミュニケーション学ぶのに抵抗がある，という人には自分の部屋や，場所を問わず出先でも学べるオンラインの学びの場はとても魅力的なのである。

　スクールに通われている方で，京都に住んでいる女性が居た。彼女とは月に2回のスカイプ授業をマンツーマンで行い，毎週の宿題は全てスマホを利用し，LINE や Facebook メッセージを使って提出していただいた。授業の動画はYoutube に限定公開としてアップして，スクールに通っている生徒だけにシェアすることも簡単にできるので，通勤中に見て復習にも使うことができる。また，質問や疑問に思ったことも，今までなら次の授業の日に会ってからしか聞けなかったのが，深夜でも早朝でも関係なくチャットで送ることが可能である。これはオンライン授業の大きな魅力といえる。

　また，彼女はとても奥手で人見知りで恥ずかしがり屋だったので，今までもコミュニケーションを学びに行きたいと思ってはいたものの，そういう学校やセミナーに行くことにもブレーキがかかっていたようだ。しかし，
「オンライン授業だから一歩踏み出せた」
「自分のペースで緊張せず無理せず学べた」
「対面でのコミュニケーションだけでなく，インターネットでのコミュニケーションにも自信がついた」
と喜びのメッセージを筆者にプレゼントしてくれた。

　また，宿題もスマホをメインに利用している。カメラで写真や動画も簡単に撮影できるので，〔笑顔の写真を毎日撮って送ってね〕とか〔おはようの挨拶を動画で撮って練習してみよう〕とかもスマホなら簡単に行うことができる。これは数年前の〔インターネット = PC〕の頃ではなかなか容易には実現していなかったのではないだろうか。その当時に実践しようとしたら，デジカメで撮った写真をPC に移して，メールに添付して送信をする。しかし，写真の容量が大きすぎたり，枚数があるとスムーズに送ることも難しく，こちらからは上手く送れたハズが相手のメールフォルダで〔迷惑メール〕に振り分けられていたり，フィルタリングされて返って来てしまったりすることがとても多かった。そうするとそこまでの操作が面倒で，せっかくの学びの機会を諦めてしまうということもあったのではないかと推測される。

　そのような多くのハードルをスマホ1つでスムーズに解決できるようになった点は大きい。

インターネットコミュニケーションの可能性

インターネットコミュニケーションは，多くのことが革命的に変化している。そして，これからも多くの素晴らしい可能性を秘めている。

対面でのコミュニケーションは苦手だけれど，インターネットを通してのコミュニケーションなら心を開けることもある。対面では何を話したらいいかわからなくて頭が真っ白になってしまうけれど，インターネットを通してのコミュニケーションなら文字や絵文字，写真や動画などを使って自分の思いを伝えられる。不安や悩みを抱えている時，対面で家族や友達，知り合いには話せないような状態でも，インターネットを通して匿名にしたり，顔を見せないからこそ話せる相談もある。

インターネット，スマホが普及した今だからこそ，これからは，目の前の相手〔対面でのコミュニケーション〕だけでなく，〔インターネットを通してのコミュニケーション〕も含めた，この両方のコミュニケーションバランスがとても大切な時代になってきているのである。

(一般社団法人 JCMA 代表理事　吉井奈々)

第2章 メールカウンセリングとはなにか

　筆者のメールカウンセリングとの出会いは，筆者のカウンセラーとしての起源による。筆者のカウンセラーとしての起源は，某大学の学生相談であった。学生相談室を立ち上げ，その第1期のカウンセラーとして勤務した。心理学科，心理学系がない大学で，かつ男子学生がほとんどという大学であった。そんな大学文化を考えて，学生（クライエント）がとにかくアクセスしやすい相談室を造っていく必要性を当初より強く意識していた。そのような文脈ゆえ，来談を主軸に，電話相談，メールカウンセリングという複数のアクセスパスを提供した。1995年にWindowsが発売されてから，まだ3年しか経っていない頃であった。カウンセリング界では，メールカウンセリングへの理解がほとんど進んでおらず，懸念を持たれたカウンセラーの先生も多かったのではないだろうか。しかしながら，年々増加の一途を辿る急成長の感があったパソコン，それに伴ってのEメールの普及にメールカウンセリングの可能性を感じていた。

　（追記：本章でのメールカウンセリングとはEメールカウンセリングを指しているものとする。）

2-1　インターネットの普及とその人間関係に対する影響

　世界のInformation and Communication Technology（ICT）の普及を，2007年より国際電気通信連合（ITU: International Telecommunication Union）が調査し報告している。

　図2-1，図2-2から一目瞭然であるが，急な右肩上がりの成長を示している。2015年のネットユーザーは住民の40％がインターネットユーザーである（図

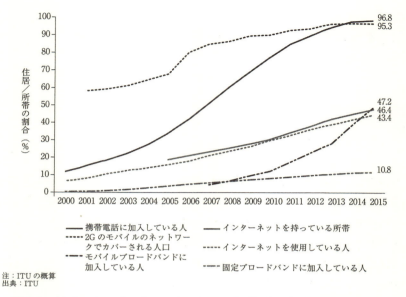

図2-1　2010～2015年 グローバルチェンジ　［国際電気通信連合, 2015］

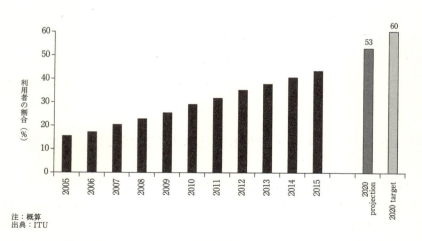

図2-2　2010～2015年 世界の個人のインターネット利用
　　　　　［国際電気通信連合, 2015］

2-1)。驚異的な伸びである。図2-1からは，モバイル型通信機器の伸びが著しいことが読み取れる。2020年には世界の53％がインターネットユーザーとなると予測している（図2-2）。

では，そのインターネットの普及により人間関係にどのような影響を及ぼしているのだろうか。アメリカの大手調査機関（Pew Research Center）の2014年の報告書を見てみよう。67％の人が，絆が強化されたと回答している。弱まったと回答した人はわずか18％であった（図2-3）。

日本でも同様の調査結果が報告されている［総務省，2015］。年代別インターネット利用率が2002年と比較して，特に中高年の世代層で大きく増加し

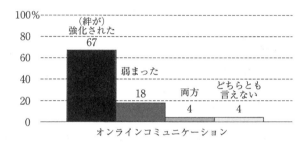

図2-3 オンラインコミュニケーションによる家族と友人の絆への影響
［Pew Research Center, 2014］

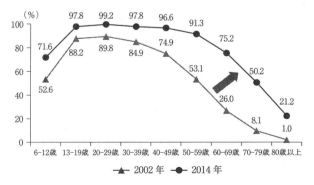

図2-4 インターネット利用率の向上
［総務省，2015／「通信利用動向調査」より作成］

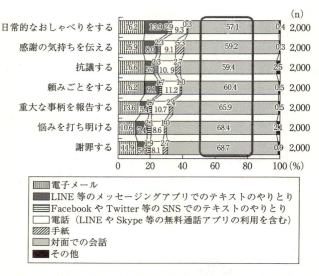

図 2-5　身近な友人や知人とのコミュニケーション手段
[総務省，2015／「社会課題解決のための新たな ICT サービス・技術への人々の意識に関する調査研究（平成 27 年）」]

ているのが見て取れる（図 2-4）。また，図 2-5 は目的別に見た身近な友人や知人とのコミュニケーション手段である。まだまだ対面での会話が多いものの，「重大な事柄を報告する」「悩みを打ち明ける」が電子メールでそれぞれ 13.6 %，10.6 % で 2 位となっている。

私たちはもうインターネットのない時代には戻れないようである。

2-2　遠隔カウンセリングとは

アメリカの NBCC（the National Board for Certified Counselors）は，「遠隔へのプロフェッショナルサービス提供に関する方針」[2016] を公開している。日本でいうところの遠隔カウンセリングである。その一般的な手段として，NBCC は以下のものを挙げている。表 2-1 に整理した。

○電話をベースにしたもの：音声のみを介して情報が受信される，同時性遠隔相互作用。

表 2-1　遠隔カウンセリングの手段とその特性 [NBCC, 2016 を参考に作成]

ベースとなる手段	情報の媒介	同時性	相互作用
電話	音声	同時性	相互作用
メール	テキストもしくは E メール	非同時性	相互作用
チャット	書かれたメッセージ	同時性	相互作用
ビデオ	ビデオやオーディオ機器	同時性	相互作用
ソーシャルネット　ワーキング	ソーシャルネット　ワーキングのメカニズム	同時性もしくは　非同時性	取り交わす　(exchange)

※ソーシャルネットワーキング：ソーシャルネットワーキングサービスの略。インター
　ネット上でコミュニティを形成し，ユーザー同士がさまざまな形でコミュニケーション
　できる会員制サービス。代表的なものとして，mixi，Facebook，などが挙げられる（イ
　ンターネット広告用語辞典より）。

○ E メールをベースにしたもの：書かれたテキストメッセージもしくは E メー
　ルを介して情報が受信される，非同時性の遠隔相互作用。
○チャットをベースにしたもの：書かれたメッセージを介して情報が受信され
　る，同時性の遠隔相互作用。
○ビデオをベースにしたもの：ビデオやオーディオ機器を経て情報が受信され
　る，同時性の遠隔相互作用。
○ソーシャルネットワークをベースにしたもの：ソーシャルネットワーキング
　のメカニズムを介して，情報が取り交わされる同時性のもしくは非同時性の
　遠隔相互作用。
　（個人，カップル，家族，グループを含む）
　　遠隔カウンセリングの古典的手法としては，手紙によるものが挙げられる。
有名なものとして，フロイトの 5 歳男児ハンスの父親からの手紙がある
[Freud, 1909]。上述した NBCC が列挙したものとして，「E メールをベース
にしたもの」の中に含まれるだろう。日本においても論文検索エンジンで「手
紙カウンセリング」で検索したところ，8 件の論文がヒットした。以上を考え
ると，手紙によるカウンセリングはそう活用されていないといえるだろう。E
メールの利便性を考えると，その傾向は変わらないと思われる。

さらに，NBCC の「方針」の「INTRODUCTION」(「はじめに」) の記述を
よく読むと以下のようなことが明らかとなる。この NBCC の方針は，そのタ
イトルよりあくまで広く遠隔カウンセリングについて記述されたはずである。
にもかかわらず，「INTRODUCTION」ではコンピューター，ウェブ，イン
ターネットの単語の記述が目に付く。2-1 で示したようにインターネットの急
成長を考えると，遠隔カウンセリングにおけるメールカウンセリングの需要は
他の手段と比較してかなり多いと思われる。上述した NBCC の
「INTRODUCTION」での現象もそのことを反映していると考えるのは早計だ
ろうか。

　しかしながら，遠隔カウンセリングにおける媒介として，ここではテキスト
と音声について一応まとめておこう。

1) テキスト（文字）

　書き言葉によるカウンセリングの歴史を，渋谷［2006］は精神分析家による
手紙を用いたやりとりにその発端をみている。心理療法としての書簡としては，
先述したフロイト［Freud, 1909］のハンスの症例が有名である。

　この「書くこと」には，どんなことでも聞いてもらえる，何を書いても大丈
夫という，相手との関係性が重要となる。こうした関係性ができていることで，
素直に「書くこと」ができるようになってゆく［岡本，2003］。こうした「書
くこと」がもたらす心理療法的効果について岡本［2003］は，(1) カタルシス
作用がある，(2) 感情が明確になる，(3) 気づきがある，(4) 自己を客観視でき
る，(5) 整理の機会になり，次へのステップになる，(6) 思考を深めることが
できる，(7) 自己表現力が高まる，(8) 共感的，あるいは適切な応答により書
く意欲が高まる，(9) 人間関係を築くことができる，(10) 内省する場合，信頼
できる他者に対して書くことが必要である，という 10 項目にまとめている。
なお上記 10 項目については，メールカウンセリングにおいても適応可能であ
ろう。

　テキストを媒介としたカウンセリングに，上述したレターカウンセリング以
外に，筆記療法，日記療法やロールレタリングがある。

　治療を目的とする筆記の利用は，トラウマ経験に関する病気を和らげるため

の表現療法から生まれたとされる［Smyth & Greenberg, 2000］。レポーレとスミス［Lepore & Smyth, 2002］は，筆記療法への関心が近年高まってきた理由として，以下の2つを挙げている。①厳しい費用の制約の中で，安価な治療法になる可能性がある，②人々のストレス経験を語りたいという願いを阻害している要因（社会的規制，個人的な抑制，移動の障害等）を取り除き，安全に表現できる方法。

　日記療法ではわが国の森田療法が有名であろう［青木, 2015］。森田療法では，患者に毎日，日記を書いてもらう。それを治療者が読んで生活指導を行うのである。高良［2000］は，森田療法における日記療法の利点として以下のことを指摘している。①患者の生活態度や関心事，症状の変化が分かる，②患者にとって言いにくいことも日記では告白しやすく，反省の機会となる，③多人数の治療の場合，時間の節約となる（面接にかける時間を短縮できる）。さらに高良［2000］は，治療初期では患者の症状や苦悩に関する訴えが中心となるが，治療が進むにつれて外界の事柄や作業に関する記述が増えてくるとも述べている。

　ロールレタリングは矯正教育の実践から生まれた［春口, 1995］。クライエントが選択した重要な他者に向けて架空の手紙を書くことから始める。そして相手からの返事の手紙もクライエント自身で書くという手法である。

2）音声

「音声」を媒介とする相談形態は電話相談である。

　1953年，イギリスでいのちの電話 The Samaritans が始まり，その後世界各地に電話相談が広がった。日本においては，1971年に東京にて「いのちの電話」が開設された。現在では72箇所に設置され，活動を継続している［村瀬, 2005］。村瀬［2005］は，電話相談の目的として，①危機的状況にあって，孤独や不安な気持ちに対し，支えを得てまったくの1人ではない，というとりあえずの安堵感を得ること，②カウンセリング，心理的緊張や不安を和らげ，気持ちを整理する，当面の生きる希望や方向を得る，③情報，社会資源の提供，つまりコンサルテーション，という3つに集約をしている。ただし，こうした援助が受け手にどう取られているかという視点が重要と述べている。

しかしながら，鴨澤［2013］が述べているように，日本における外部EAP（Employee Assistance Program：従業員支援プログラム）では，容易に利用できるものとして企業からのニーズが高く，電話相談を提供するメニューの1つとして挙げるところが多い。鴨澤は外部EAPにおける電話相談にカウンセリングとしての機能を持たせることが可能という。携帯電話等のモバイル型通信機器の普及によって，音声を媒介とする電話相談の比重は高まると思われる［岩本・木津，2005］。

2-3　メールカウンセリングに対するニーズ

ドイツの「いのちの電話」が1995年にメールによる相談を開始した［Knatz ＆ Dodier, 2003］。1年目361件の相談があった。2002年には1万件にも上った。

わが国においても，上村ら［2003］が，女子学生を対象にEメール，掲示板を使った性相談を実施した。2000年4月から2002年9月までに462人がアクセスしている。さらに，2002年10月から2003年2月までには1,026件ものアクセスがあったと報告している。

アメリカでは1997年に，アメリカオンラインカウンセリング協会（ISMHO: International Society for Mental Health Online）が設立されている。日本でも，1997年に日本オンラインカウンセリング協会（JOCA: Japan Online Counseling Association）が設立されている［武藤，2002］。

2005年には，NBCC（the National Board for Certified Counselors）においてもウェブカウンセリングのガイドラインを作成しており［NBCC, 2005］，同年には，ACA（American Counseling Association）においても，インターネットカウンセリング実践における倫理上の項目をACA Code of Ethicsに掲載している［ACA, 2005］。つまり，公共性のある組織の倫理綱領にメールカウンセリングに関する倫理項目を掲載する必要があるほど，利用されていることを意味しているのである。

2-4 何がメールカウンセリングの専門的関係を構成しているのか

2-1，2-3で概観したように，メールカウンセリングへのニーズはかなり高いものと考えてよいだろう。しかるに，特に日本においてメールカウンセリングの位置づけは微妙であると感じているのは筆者だけだろうか？

パソコン，インターネットに関する技術の向上がごく最近のことであることも1つの要因であろう。1985年にパーソナルコンピューターが登場し，1990年代にパソコンが一般に普及し，家庭でもインターネットが利用されるようになった［総務省，2016］（表2-2参照）。たかだか20数年ほどの歴史である。

対面式（face-to-face）のカウンセリング（心理療法として）の誕生の時を限定するのは難しい［大塚，1999］。大塚［1999］は，アメリカの心理学者ウィットマー（Witmer, L.）が1896年にペンシルヴァニア大学に世界で初めて心理クリニックを開設した時としている。対面式のカウンセリング（心理療法）には120年の歴史がある。メールカウンセリングの歴史は，心理療法の歴史と比較して，かなり短いのである。その歴史の長さに比例して，研究件数も比較にならないほどの数にのぼる。

また，すべてのテクノロジーの発達にいえることであろうが，最新のテクノロジーの利用者は概ね若年層である。大方の学問領域での指導者は年配層である。一般的に，指導者層は伝統的スタイルを好むし，長年の経験から新しいこ

表2-2 インターネット年表［総務省，2016を参考に作成］

年　代	できごと
1950〜1960年代	インターネットの起源となる軍事用ネットワークが主に米国で作られる。
1970年代	電子メールなどがアメリカの大学で使用され始める。
1980年代	日本の大学でもインターネットが利用される。
1990年代	パソコンが普及し，一般家庭でもインターネットが利用される。
2000年代	携帯電話などを使い，どこでもインターネットが利用できるようになる。

と（特に新しいテクノロジーに対して）に対するリスクに敏感である。

　一方，アメリカではメールカウンセリングに対するさまざまな呼称がある [Welfel et al., 2003]。たとえば，ウェブカウンセリング，サイバーカウンセリング，インターネットカウンセリング，オンラインカウンセリング，テレヘルスサービス，Eメールカウンセリング，Eカウンセリング，コンピューターメディエイテッドカウンセリング等。この現象からみても，新しいことに比較的寛大な米国においても，メールカウンセリングが2000年前後辺りは黎明期であったと考えられるだろう。

　上記のような背景を林 [1999] に見ることができる。林 [1999] はメールカウンセリングに関して，封書を使った通信相談ではなくハガキを使った通信相談であることを送信者に伝えることを示唆している。林 [1999] はメールにおける守秘義務の限界（Eメールの機能上の問題として）を懸念しているのである。

　このような文脈ゆえ，ここでメールカウンセリングがカウンセリング足りえるのかというテーマに関して言及しておくのは重要なことと考える。

　ロシックとブラウン [Rosik & Brown, 2001] は，上記のチャレンジフルな課題「何がインターネットによる専門的関係を構成しているのか」について論じている。つまりインターネットにおいて，カウンセリング関係が可能なのかという質問に答えているのである。厳密にいえば，彼らはこの専門的関係をインターネットによるカウンセリング関係のみに限定しているのではない。文字通り，広く「専門的関係」（インターネットを通じての内科医と患者の関係も含む）を捉えていることを明記しておく。アメリカにおいてさえ，こういったテーマが論じられる必要があるということに，私たちは留意する必要があるだろう。言い換えれば，パソコン，インターネットの発祥の地であるアメリカでさえも，メールカウンセリングに対する疑念が存在するということを意味していることになるからである。

　ロシックとブラウン [Rosik & Brown, 2001] は，以下の3点を挙げてインターネットによる専門的関係が構成されうると論じている。つまり，以下の3点を網羅すればインターネットであれ，それは専門的関係であるということになる。

(1) Repeated Communication（継続されるコミュニケーション）

(2) Specific Responses（特殊な応答）

(3) Expressed Agreement（表現された承認）

以下，順次この3点を詳しく見ていこう。

(1) Repeated Communication（継続されるコミュニケーション）

コミュニケーションが必要に応じて継続されている場合を指す。たとえば，地方の内科医と患者とで交わされる疾患に関するインターネットによるコミュニケーション，会員のメンタルヘルスのためのケア（例，海外など遠方で活躍している伝道師のメンタルヘルスケアなど）等である。そこでは重要で高いレベルのコミュニケーションが継続して提供されているという実態がある。

(2) Specific Responses（特殊な応答）

特殊な状況下にいるクライエントが，自身の特殊な状況をメールで訴える。特別な理論，特別な知識，特別なスキル等を背景に，専門家が専門家として特殊な応答をするとき，それは専門的な関係となる。送信者と専門家の間にはラポールが形成されるだろう。ボロウィッツとワイアット［Borowitz & Wyatt, 1998］は，連続的で自発的なEメールの小児科のコンサルテーション1,239件のうち69%は子どもの特殊な症状，適切な診断テストや治療についての正確な情報を求めているものであったと報告している。インターネットを通じて，その要求に応じて送受信される特殊な応答は専門的関係となるのである。

(3) Expressed Agreement（表現された承認）

料金，送受信の間隔，専門家の側に課せられた義務（例，メールデータの管理，守秘義務等）が，「契約」という形で約束された場合，それは表現された承認となる。そして，その表現された承認が，カウンセラーとクライエントの関係をプロフェッショナルなものにするのである。

上記3点に関して，友人同士の間でのコミュニケーションを思い浮かべてみるとよく理解できるだろう。私たちは，友人との間で礼を失しない程度に適当にコミュニケーションを切り上げることがよくある。つまり相手の必要に応じてコミュニケーションを継続していない。また，友人との普段のコミュニケーションにおいて特別な理論，特別な知識，特別なスキル等に裏付けされた特殊な応答は不自然である。場合によっては，専門的知識を振りかざす「嫌な奴」

として友人関係に支障をきたす可能性もある。さらに，当然のことながら，友人契約を結んでコミュニケーションを開始するなどということはあり得ない。

　ロシックとブラウン［Rosik & Brown, 2001］が指摘した上述の3点は，対面式における専門的関係にも該当する。対面式での専門的関係でのコミュニケーションは必要に応じて継続されていき，専門家は専門的な理論，専門的な知識，専門的なスキル等を背景に特殊な応答を展開し，それらは契約に基づいてなされているのである。電子媒体においても然りであろう。

　それにもかかわらず，媒体が電子媒体であるという理由だけで，専門的な関係であることを否認するなら，その電子媒体でのサービスが対面式でのそれとどのように違うのか，否認する者は明確に指摘する必要がある［Shapiro & Schulman, 1996］。カウンセラーや医師たちが電子媒体を通じて何をしているのかよく知らないまま，電子媒体における関係が専門的関係ではないと主張することは賢明なことではない［Rosik & Brown, 2001］。

　事実，社会的な孤独や不安を感じていたり，人との関係を築くことが困難な人にとっては，対面よりメールでの関係性の方がより深まり継続しやすい［Mckenna & Bargh, 2000］。また，メールカウンセリングにおけるクライエントはカウンセラーと強い絆を経験し，その効果を感じていると報告されている［Cook & Doyle, 2002］。レイノルドら［Reynolds et al., 2006］は，3年間かけて30人のメールカウンセリングのクライエントを集めて，セッションのインパクトとカウンセリング同盟を対面カウンセリングのそれと比較している。前者は the Session Evaluation Scale，後者には the WAI（Working Alliance Inventory）で評価した。メールカウンセリングと対面で類似の結果となった。

　しかしながら，ロシックとブラウン［Rosik & Brown, 2001］は，電子媒体での専門的関係性において，多くの法的課題，倫理的課題が存在していることを認識しておくことの重要性もまた指摘している。この課題に関しては，次の箇所で論じたい。

2-5　メールカウンセリングの臨床上の特性

　リチャーズとヴィガノ［Richards & Viganò, 2013］は，メールカウンセリ

ングの特性に関して以下を挙げている。①匿名性，②抑制解除，③距離性，④時間的遅れ，⑤利便性，⑥社会的合図の低下，⑦書くという行動と表現，以上の7点である。以下，リチャーズとヴィガノ［Richards & Viganò, 2013］の7点を基に考察してみよう。

1) 匿名性（anonymity）

メールカウンセリングにおいて，クライエントは匿名性を用いていた。しばしば，ニックネームを使い，個人を特定するような情報を明らかにせずにおれた。クナッツとドディエ［Knatz & Dodier, 2003］は，ドイツ「いのちの電話」において，メールカウンセリングを開始した1995年から人々はこの恩恵を受けてきたことを強調している。

「これまで見ず知らずの援助や支えを探そうとも思わなかった人たちが，私たちにメールをしてくる。匿名性と確かな距離感が彼らに近さと信頼を抱かせている」［Knatz & Dodier, 2003］。

しかしながら，リチャーズとヴィガノ［Richards & Viganò, 2013］はこの匿名性を容認するケースは減ってきていると指摘する。どのようにクライエントがカウンセリングを依頼できるのか，どのようにクライエントを特定するのか，どのようにクライエントをアセスメントするのかについて，専門的ガイドラインと倫理基準が時を経て変わってきているのである。だからといって，このことが相対的な匿名性と地理的な距離がもつ利点を減少させてしまうことにはならないとスーラー［Suler, 2004］は主張する。

一方，岩本・木津［2005］は本質的な治療効果がなくても匿名性の利点によって「悩み相談」的なレベルで非対面心理療法は広がっていくと考えているようだ。匿名性が保たれることによって患者は思ったことや感じたことを，対面よりも自由に話すことができると主張する。一方で，治療効果によくない影響が出るのであれば，専門的な問題をはらむことも指摘している。また，彼らは摂食障害患者の治療においては匿名性を守ることは困難であるとも指摘する。

この章の冒頭で述べたように，筆者は某大学の学生相談室でメールカウンセリングを行っていた。しかしながら，メールカウンセリングにおいても，カウンセリングを希望する学生には名前と学籍番号の明示をお願いしていた（対面

式のカウンセリングを希望する学生にはもうすこし詳しい情報を提供してもらう票を用意していた)。なぜなら，メールカウンセリング用のメールアドレスを本学生相談室の HP に公開していたからである。そのため，匿名にすると，大学外の方がメールでカウンセリングを希望してきても，こちらでは大学内の方なのか判断のしようがないからである。筆者の経験だけでのことであるが，非匿名性がメールカウンセリングに大きな支障をきたしたという印象はない。なぜなら，学生相談室に勤務していた 8 年間で，匿名性であることに固執されたクライエントは 1 人だけであったからである。その 1 人以外のクライエントたちは学籍番号と名前を明記してほしいというこちらのお願いに素直に従っていたという印象であった。匿名性による利点（自己開示の促進等）と不利益，非匿名性による利点と不利益を科学的に検討する研究が必要であろう。しかしながら，専門的ガイドラインや倫理基準が整備されたことで非匿名性が強化されていっている現状［Richards & Viganò, 2013］は理に適っている。筆者は筆者自身の経験から非匿名性に賛成票を投じている。

2) 抑制解除 （disinhibition）

　この単語を直感で理解する読者はあまりいないのではないだろうか。筆者もなかなか直感的に理解しづらかった。しかしながら，この単語は遠隔カウンセリングの複数の文献に散見される。対面式カウンセリングにおけるクライエント側の緊張のようなものが減じられる現象と考えていただければよい。つまり，自身のことについて他の人がとるかも知れないリアクションについて，クライエントがいろいろ懸念することから解放されることを意味している。

　クックとドイル［Cook & Doyle, 2004］によれば，この抑制解除はクライエントをよりオープンに，より正直にしてくれるのである。そして，これはメールカウンセリングの強力かつ明確な特性である。この特性は専門的支援を探している人々が感じている，社会的スティグマ（恥辱）や不安を下げてくれる潜在能力を持っている［Suler, 2004］。一方，この抑制解除がクライエントを不吉なアクティングアウトに走らせる可能性も，スーラー［Suler, 2004］は指摘している。

　スーラーの指摘に対して，ジョインソン［Joinson, 2001］の学部生を調査対

象者とした対面式とメールのカウンセリングによる比較研究の結果を紹介しておこう。この研究では，CMC（Computer-Mediated Communication）コンディションの学生のほうが，統計的に有意に自己開示が高かったことが報告されている。

3) 距離性（distance）

スーラー［Suler, 2004］は，地理的な距離が心理学的安全や先述した抑制解除を促進し，自己開示が増えると指摘している。上述の，2) 抑制解除と，3) 距離性は両輪のコマであろう。

クナッツとドディエ［Knatz & Dodier, 2003］は，インターネットのグローバルさを説く。

「もしあなたがインターネット上に自分のサービスを案内すれば，世界中がそれを見ることになるだろう。どこからであれ，インターネットで誰もがあなたに問い合わせてくる。あなたの相談拠点では地球の最も遠い所からの問い合わせを受け取ることも起こり得る」［Knatz & Dodier, 2003］。

このことは，先述した匿名性の問題とも絡んでくる。匿名性を容認したメールカウンセリングでは，理論上，世界中の人々がクライエントになり得てしまう。わが国においては「日本語」という特殊な事情（グローバル言語ではないという事情）があるため，実質的にはこの世界中の人々がクライエントになりえてしまうという議論はナンセンスではある。

4) 時間の遅れ（time delay）

非同時性のコミュニケーションとはメッセージのやりとりの間で時間のずれが生じることである（つまり，メールの返信がすぐに来ないということ）。非同時性のコミュニケーションは，時間の遅れがカウンセリングプロセスの中で生じてしまう。このことで，自身が送ったメールがどのようにとられているのかについて，カウンセラーとクライエント両者が不安になる可能性がある。そして，回答がないことによる曖昧な状態が空白の時間となる。その時間は，スーラー［Suler, 2004］が呼ぶところの「ブラックホール現象」のようなものである。そういう状態に置かれた人は，安易に期待したり，情動的になったり，

不安になったりするものである。同時に，非同時性のコミュニケーションによって生じた時間のおかげで，自己観察が促進され，自己覚知が進み，衝動性が抑制され，より深い内省が生まれ，よりよい自己表現が生成される[Hanley, 2009]。また，カウンセラーの方にも，逆転移反応をしっかり観察したり，それをマネージメントするための振り返る時間ができるという利点にもなる。

5) 利便性（convenience）

カウンセラーとクライエント両方にとって，利便性はメールカウンセリングを選択する主要な理由となっている。メールカウンセリングにおけるアクセスのしやすさはさまざまな障害を越えることができる。たとえば，地理的孤立，身体的な障害，言語の壁，援助要請に対する個人的な恥辱感，忙しく時間がない等。さらに，クライエントの手が届かないかもしれない専門的なサービス（たとえば，ビデオ会議等）を提供する潜在的能力も，メールカウンセリングはもっている。

6) 社会的手がかりの低下（loss of cues）

テキストを基本としたメールカウンセリングにおいては，クライエントの微妙な情報を伝えてくれる視覚的かつ聴覚的な手がかりの全てがない。また，対面式カウンセリングでは当たり前の，視覚的かつ聴覚的な手がかりが互いに及ぼす影響の恩恵にもあずかれない。一方で，スーラー［Suler, 2004］が言及しているように，上記の欠点は 2) で説明した抑制解除という長所にもなっている。レイバートら［Leibert et al., 2006］が結論付けているように，実験の参加者によって報告された抑制解除の効果は，手がかりの欠如を相殺するほどかなり強いものであるようだ。しかしながら，規則にのっとった社会的手がかりによって自信をもって行動するようなクライエントにとっては，そのような手がかりの欠如は苦痛であるかもしれない。

カウンセラー側にとっては，ロシクとブラウン［Rosik & Brown, 2001］が指摘している電子媒体でのケアにおける倫理上の懸念の 1 つとなっている。つまり，ブラインドアセスメントに対する懸念である。ノンバーバル情報がない

テキストだけでの情報で的確なアセスメントができるのかということである。これについては，次の事項で詳しく述べたい。

7) 書くという行動と表現（writing behavior and expression）

　メールカウンセリングの大半は，テキストベースかつ非同時性のコミュニケーションを通して行われる。クックとドイル［Cook & Doyle, 2004］はメールカウンセリングの参加者たちがカウンセラーからの返信を繰り返し読むことができることに感謝していたと報告している。さらに，バーバルコミュニケーション（対面式カウンセリング）よりも，メールカウンセリングの内容を吟味する時間を持つことができることにも言及している。

　書く内容，書くペース，書く内容における深さを書き手がコントロールできること，さらにそれらのおかげで，心理的安全性を育むことができることを，ライトとチュング［Wright & Chung, 2001］は指摘している。スーラー［Suler, 2004］は，コミュニケーションの意味としてテキストを使うことは，心理療法におけるナラティブアプローチに類似していると主張する。個人が自身のナラティブを構築することを促進するのである。対面式カウンセリングであまり心地よく感じていないクライエントたちにとっては，メールカウンセリングはより好ましく，自己表現としてより適切な方法である。しかしながら，スーラー［Suler, 2004］は，書くことが苦手なクライエントにとってはあまり適切ではない方法であることにも言及している。

　上記以外の書くという行動に関しては，2-2「遠隔カウンセリングとは」の1）「テキスト（文字）」で述べたので，そこを再度読み返していただきたい。

2-6　メールカウンセリングにおける臨床上の懸念事項

　The American Mental Health Counselors Association［2015］の倫理コードⅠ-B-2-e はメールカウンセリングに関する「インフォームド・コンセント」についてである。

　「メンタルヘルスカウンセラーは，メールカウンセリングサービスをクライエントが使用する際，メールカウンセリングの特定の限界，潜在的なリスクや

もしくは潜在的な利益について，クライエントに説明し同意を得る」（筆者訳）。

さらに，I-B-6 は，「Telehealth, Distance Counseling and the Use of So-cial Media」（遠隔医療，遠隔カウンセリングそしてソーシャルメディア使用）（筆者訳）に関することである。

　b）遠隔カウンセリングを提供するときは，提供するカウンセラーは遠隔カ
　　ウンセリングのトレーニングを受けており，経験があり，スーパービジョ
　　ンを受けていること。

　e）クライエントが遠隔カウンセリングに適しているかを評価する。

ACA（American Counseling Association）の倫理綱領［水野，2006］においては A.12. で「テクノロジーの応用」の下位項目 A.12.a. でも，上記同様，情報技術使用の際には使用する利点と限界についてクライエントに伝えることとある。同じく，A.12.b. でも，情報技術を使用する際，クライエントのニーズに適切であると判断できることとある。（ACA の HP で 2014 年度版がダウンロードできる。
http://www.counseling.org/docs/ethics/2014-aca-code-of-ethics.pdf?sfvrsn=4

両者の倫理綱領において共通していることは，①メールカウンセリング等に関して対面式カウンセリングとは別に項目を立てていることを重要視していること，②そのカウンセリングの利点と限界をクライエントに明確に伝えること，③クライエントのニーズにそのカウンセリングに適しているのか判断することの重要性を指摘していることである。また，その「技術」に伴った限界に関する項目も多くみられること，であろう（これに関しては，本書の第3章，第4章，第5章，第6章，第11章を参照いただきたい）。

ロシクとブラウン［Rosik & Brown, 2001］は，電子媒体における倫理上の懸念を，①守秘義務（Confidentiality），②同意（Consent），③能力（Com-petence）の3点としている。①の守秘義務（Confidentiality）は主にネット等のシステムに関することである。これは本書の第11章を参照いただきたい。ここでは，②同意，③能力について，以下に整理しておく。

②同意（Consent）：

先述した ACA の倫理綱領では，A.2. が「カウンセリング関係のインフォームド・コンセント」に関することである［水野，2006］。A.2.a. から A.2.d. ま

での4項目からなっている。それぞれ,「インフォームド・コンセント」「必要な情報タイプ」「発達や文化に対する感受性」「同意する能力がない場合」となっている。これらは,電子媒体での関係であっても適用されることとなる。

A. 2. b.「必要な情報タイプ」については以下のことが必要とされている。

・カウンセリングの目的・技術・進行方法・限界
・提供されるサービスのリスクと利益の可能性
・カウンセラーの資格や免許,関連する経歴
・カウンセラーが継続不能な場合のサービス継続について
・心理テストや報告を使用する意図
・料金
・クライエントの権利:守秘義務とその限界についての情報提供
・クライエントの記録についての明確な情報　等々

これらも上述したように,電子媒体での関係であっても適用される。

ロシクとブラウン[Rosik & Brown, 2001]は,Consent（同意）はカウンセラーとクライエントの間では基本的な課題であり,電子媒体ケアサービスを提供する専門家は同意をとる前に自分たちのサービスの特性を注意深く考える必要があること,電子媒体ケアのサービスを提供する前に書面で初回に同意をとることの重要性を主張する。電子媒体ケアのサービスでの同意をとる際,ロシクとブラウン[Rosik & Brown, 2001]が推奨している項目を表2-3に記載しておく。

③能力（Competence）:

本章の2-5の6）で述べた「社会的手がかりの低下（loss of cues）」に関することが主な点である。ロシクとブラウン[Rosik & Brown, 2001]は,前もって対面の接触をすることなく,電子媒体のサービスが提供されていることに注意を促している。バラク[Barak, 1999]は,対面無しで的確なアセスメント（ブラインドアセスメント）ができるという技術はまだ確立されていないと主張する。シャピロとシュールマン[Shapiro & Schulman, 1996]は,そのことで誤診や深刻な病理判断上のミスが増えるという懸念を持っている。

このブラインドアセスメントのリスクに対して,ジェロームとザイロー[Jerome & Zaylor, 2000]は,「初回の面接」（対面式もしくはビデオ通話機能

38

表 2-3　電子媒体ケアにおける同意項目［Rosik & Brown, 201 を参考に作成］

・守秘義務の限界（虐待の通告や警告義務等）
・完全なプライバシーと完全な守秘義務の保証はないということ
・何がカウンセリング記録となるのかということ
・記録の保存方法
・記録にアクセスできうる人物は誰か
・電子媒体ケアと伝統的なケアとの違い
・電子媒体ケアの利点と限界
・電子媒体ケアはいまだ実験段階
・サービスの期間
・通常の返信時間
・カウンセラーのアイデンティティと資格を，クライエントが確かめる方法
・その返信がカウンセラーによって書かれていることの保証
・カウンセラーの休暇中の調整について
・安全確保を測定する尺度の詳細
・技術上の欠点によって情報が消失した際の保証可能なことについて
・クライエントが未成年であるときについて（保護者がその未成年に対する権
　利を持っていることについて）

の利用）によるアセスメントが劇的に低減してくれると述べる。このことで，クライエントが同意可能な年齢であることも確認できるし，カウンセリングに対する重要な視覚的な手がかりを得られることが期待できる。またマヒューとバーグ［Maheu & Bargh, 2000］が指摘しているクライエント側の懸念（つまり，そのメールが実際にカウンセラーによって書かれたものかどうかという懸念）を低減する機能もある程度期待できるだろう。

　ブラインドアセスメントのリスク以外のものとして，「非同時性」の問題がある。メールカウンセリングは対面式，電話相談より時間的な感受性が低い。この「時間のずれ」は，特に危機介入の機会を失する可能性を含んでいる。

　ロシクとブラウン［Rosik & Brown, 2001］が主張しているように，特殊なトレーニング，継続される教育が重要であろう。

2-7　メールカウンセリングのメリットとデメリット

　おそらく本書を読んでくださっている方々は，何らかの理由でメールカウンセリングに興味を持っておられる方であろう。特に，これからメールカウンセリングを実践しようと思われている読者もいるだろう。ここまで読まれてメールカウンセリングの「リスク」だけがクローズアップされて，メールカウンセリングへのチャレンジ精神が縮小してしまった方もおられるかもしれない。

　しかしながら，この世の中でよいことづくめというものは存在しないと筆者は考えている。対面式のカウンセリングが万能でより完全なものかというと決してそうではない。ある種の複雑な情動（たとえばカウンセラーへの過剰な依存，過剰な転移感情，それらによって引き起こされる行動化等）が引き起こされやすくなる危険性は対面式のほうが大きい。

　つまるところ，対面式であれ，非対面式であれ，その利点と不利益をサービス提供者は十分に理解し，クライエントと十分なインフォームド・コンセントを取り，そしてクライエントに対して適切に使用できるかどうかが問題となってくるだけのことである。

　本章最後の項目として，メールカウンセリングの利益と不利益をカウンセラーとクライエントそれぞれに整理した表2-4，表2-5を提示して終わりとする。

表 2-4　クライエント側のメールカウンセリングの〈利益と不利益〉
[Pollock, 2006 を参考に作成]

クライエントにとって利益：
・地理的要因と時間的要因
　◇居住地が孤立した地域に居住
　◇忙しい人
　◇不規則な雇用スケジュールの人
　◇育児をしている人
　◇高齢者をケアしている人
・地理的条件（遠方等）に関係なく，スペシャリストにカウンセリングを受けられる機会を持つことが可能
・低コスト（典型的料金：Eメールごとに 15 ドル，1 時間のチャットごとに 65 ドル）
・対人リスクの懸念が低減され，プライバシーが守られているという感覚が増加する
・カウンセラーへの依存が減少
・家族成員がセラピーのプロセスの中に組み込める可能性がある
・自宅で快適
・情動的に開放的になる
・望めば，重要な人物と自分たちのセッションを共有できる
・文章を修正しやすい
・各セッションでの相互作用全てが永久に保存可能であり，繰り返し見ることが可能
・「書く」ことで，個のナラティブを表現させることが可能（効果的な治療上の変化）
・「書く」ことで，自分の思考と内的対話を明らかにすることができる

クライエントにとって不利益：
・カウンセリングルームの守られた，静かな，落ち着いた，非日常の空間，時間を体験できない［宮崎，2012］
・機密を守ることの困難さ
・（カウンセラー両方）
　◇互いに，本人かどうか確定できない　　◇信頼性を確かめることが困難
　◇ノンバーバルな手がかりがない　　　　◇リファーすることの困難さ
　◇ネット技術上の問題

第2章　メールカウンセリングとはなにか　*41*

表2-5　カウンセラー側のメールカウンセリングの〈利益と不利益〉

［Pollock, 2006 を参考に作成］

カウンセラーにとって利益：
・コスト抑制
・クライエントへのより一層のサービス提供の可能性
・柔軟なスケジュール化
・他の地域での仲間との相互作用の機会
・オフィススペースの賃貸不要
・助手不要
・家具不要
・セッションごとに自動的に記録作成
・セッションごとに自動的に記録が保存
・ノート作成が不要
・スーパーヴァイズ能力を強化
・スケジュールを気にすることなく，まったく違う地域での他の専門家から
　スーパーヴァイズを受けることが可能

カウンセラーにとって不利益：
・クライエントに「カウンセリングルームの守られた，静かな，落ち着いた，
　非日常の空間，時間」を体験させることなく，カウンセリングをしなければ
　ならない。「書き言葉（絵文字，図も含む)」のみで展開しなければならない
　［宮崎，2012］
・より高い倫理基準が要求される
・地理的に離れた場所でのクライエントの自殺，殺人のような危機状況への対
　応の困難さ
　（対応策：危機対応に備えて，クライエントが居住している場所にいるセラピ
　ストと接触しておく）
・クライエントがカウンセラーの信用を確かめることが難しい（対応：最初に，
　カウンセラーは自身のライセンス情報と信用の証拠を提供する）

〔引用・参考文献〕

青木万里　2015　森田療法的アプローチによる心理教育―日記療法の手法を用いて
　　―　鎌倉女子大学紀要，22, 23-33.

秋坂真史・渡辺めぐみ・志井田美幸・木村正治・志井田孝　2006　携帯メール・カ
　　ウンセリングによる引きこもり・不登校生徒に対する臨床心理学的研究　教育
　　医学，51（4)，291-299.

American Mental Health Counselors Association　2015　AMHCA Code of Ethics
　　http://c.ymcdn.com/sites/www.amhca.org/resource/resmgr/Media/

ethics2015FINAL.pdf?hhSearchTerms=%22ethics+and+code%22.

Borowitz, S. M. & Wyatt, J. C. 1998 The origin, content, and workload of E-mail consultations. *JAMA*, 280, 1321-1324.

Cook, J. E. & Doyle, C. 2002 Working alliance in online therapy as compared to face-to-face therapy: preliminary results. *Cyber Psychology & Behavior*, 5 (2), 95-105.

Freud, S. 1909 Gesammelte Werke Volume1-17. Frankfurt: S. Fischer Verlag GmbH.〔総田純次（本巻責任編）2008 フロイト全集10 1909年 症例「ハンス」、症例「鼠男」岩波書店〕

春口徳雄 1995 ロール・レタリングの理論的基盤 杉田峰康（監修）春口徳雄（編著） ロールレタリング（役割交換書簡法）の理論と実際 チーム医療

Hanley, T. 2009 The working alliance in online therapy with young people: Preliminary findings. *British Journal of Guidance & Counseling*, 37 (3), 257-269. doi: 10.1080/03069880902956991

岩本隆茂・木津明彦 2005 非対面心理療法の基礎と実際—インターネット時代のカウンセリング— 培風館

Jerome, L. W. & Zaylor, C. 2000 Cyberspace: Creating a therapeutic environment for telehealth applications. *Professional Psychology: Research and Practice*, 31 (5), 478-483.

鴨澤あかね 2013 ビジネスという視点から見て電話相談に関する一考察—EAPサービスの提供経験から— 北星学園大学社会福祉学部北星論集, 50, 113-122.

Knatz, B. & Dodier, B. 2003 J. G. Cotta'sche Buchhandlung Nachfolger GmbH〔寺嶋公子（訳）2007 インターネット・カウンセリング：Eメール相談の理論と実践 ほんの森出版〕

小林三千夫・宮崎圭子 2014 効果的なメールカウンセリングにおける方略についての研究 日本心理臨床学会第33回秋季大会発表論文集, 106.

Leibert, T., Archer, J., Munson, J., & York, G. 2006 An exploratory study of client perceptions of Internet counseling and the therapeutic alliance. *Journal of Mental Health Counseling*, 28 (1), 69-83.

Lepore, S. J. & Smyth, J. M. 2003 Washington, DC: American Psychological Association.〔余語真夫・佐藤健二・河野和明・大平英樹・湯川進太郎（監訳）2004 筆記療法—トラウマやストレスに筆記による心身健康の増進— 北大路書房〕

国際電気通信連合 2015 Measuring the Information Society Report 2015. http://www.pewinternet.org/2014/02/27/part-2-americans-views-about-the-role-of-the-internet-in-their-lives/

Maheu, M. M. & Gordon, B. L.　2000　Counseling and therapy on the Internet. Professional Psychology: Research and Practice, 31 (5), 484-489.

McKenna, K. Y. A. & Bargh, J. A.　2000　Plan 9 from cyberspace: The implication of the internet for personality and social psychology. *Personality and Social Psychology Review*, 4 (1), 57-75.

宮崎圭子　2012　メールカウンセリングにおける抵抗感の検討―来室カウンセリングと比較して―　跡見学園女子大学文学部紀要，47, 141-153.

宮崎圭子　2012　メール相談における来談者側の抵抗感　その2―性差および学部による比較検討―　日本学生相談学会第30回大会発表論文集，90.

宮崎圭子　2005　学生相談室における電子メール相談利用形態　日本学生相談学会第23回大会発表論文集，74.

宮崎圭子　2004　電子メールによる卒業生のキャリア相談―学生相談室が関わった2事例を通しての考察―　日本産業カウンセリング学会第9回大会発表論文集，152-155.

水野修次郎　2006　最新カウンセリング倫理ガイド　河出書房新社

村瀬嘉代子・津川律子　2005　電話相談の考え方とその実践　金剛出版

NBCC　2016　Policy Regarding the Provision of Distance Professional Services. http://nbcc.org/Assets/Ethics/NBCCPolicyRegardingPracticeofDistanceCounseling Board.pdf

大塚義孝　1999　臨床心理学の歴史と展望　氏原　寛・小川捷之・東山紘久・村瀬孝雄・山中康裕（編）臨床心理大事典　第1部第2章　培風館，pp.7-12.

岡本茂樹　2003　ロールレタリングに関する臨床教育学的研究　風間書房

Pew Research Center　2014　Americans'views about the role of the internet in their lives. http://www.pewinternet.org/2014/02/27/part-2-americans-views-about-the-role-of-the-internet-in-their-lives/.

Pollock, S. L.　2006　Internet counseling and its feasibility for marriage and family counseling. *The Family Journal*, 14 (1), 65-70.

Reynolds, D. A. J., Stiles, W. B., & Grohol, J. M.　2006　An investigation of session impact and alliance in internet based psychotherapy: Preliminary results. *Counseling & Psychotherapy Research*, 6 (3), 164-168.

Richards, D. & Viganò, N.　2013　Online counseling: A narrative and critical review of the literature. *Journal of Clinical Psychology*, 69 (9), 994-1011.

Rosik, C. H. & Brown, R. K.　2001　Professional use of the internet: Legal and ethical issues in a member care environment. *Journal of Psychology & Theology*, 29 (2), 106-120.

Shapiro, D. E. & Schulman, C. E. 1996 Ethical and legal issues in e-mail therapy. *Ethic and Behavior*, 6 (2), 107-124.

渋谷英雄 2006 メールカウンセリングとは何か 武藤清栄・渋谷英雄（編著）メールカウンセリング―その理論・技法の習得と実際― 川島書店

Smyth, J. M. & Greenberg, M. A. 2000 Scriptotherapy: The effects of writing about traumatic events. In Masling, J. & Duberstein, P. (Eds), *Empirical studies in psychoanalytic theories: Vol.9. psychoanalytic perspectives on health psychology*. Washington, DC: American Psychological Association.

総務省 2016 情報通信白書 for Kids
http://www.soumu.go.jp/joho_tsusin/kids/index.html

総務省 2015 情報通信白書
http://www.soumu.go.jp/menu_news/s-news/01tsushin02_02000084.html

Suler, J. 2004 The online disinhibition effect. CyberPsychology & Behavior, 7 (3), 321-326. doi: 10.1089/1094931041291295

高良武久 2000 森田療法のすべてがわかる本 講談社

上村茂仁・木村吉宏・田淵和久 2003 Eメール，掲示板を使った女子学生の性相談への対応の可能性について 女性心身医学, 8 (1), 51.

Welfel, E. R., Richmond, E. N., & Rak, C. F. 2003 The scope of WebCounseling: A survey of services and compliance with NBCC standards for the ethical practice of WebCounseling. *Journal of Counseling & Development*, 81 (1), 61-69.

Wright, J., & Chung, M. C. 2001 Mastery or mystery? Therapeutic writing: A review of the literature. *British Journal of Guidance & Counseling*, 29 (3), 277-291. doi: 10.1080/03069880120073003

第2章 メールカウンセリングとはなにか **45**

コラム2 ───────────────────────────

性的指向および性自認を理由に困難を抱える人への支援について考える

1. はじめに

　昨今話題となっている，いわゆる「LGBT」とは，レズビアン（女性同性愛者），ゲイ（男性同性愛者），バイセクシュアル（両性愛者），トランスジェンダー（からだの性とこころの性が一致しない人，性同一性障害者を含む）の頭文字からなる言葉である。また，LGBT を含む，性自認（自身が認識する性別）や性的指向（恋愛対象となる性別）などが非典型である人をいわゆる「性的マイノリティ」と呼ぶ場合がある。LGBT は国内人口の約 7.6% を占めるとの調査結果もあり[1]，約 13 人に 1 人が「LGBT」であると考えられる。相当数存在する「LGBT」だが，見た目で判断することは難しく，差別や偏見，それに伴う暴力を恐れ，当事者であることを明かすことに困難を感じる場合が多い。このようにいわゆる「性的マイノリティ」は「見えないし言えない」ため「存在していない」ことにされやすく，また，いわゆる「性的マイノリティ」でなくとも憶測などに基づく差別も多い。それゆえ，認知や支援が十分とは言いがたい状況がある。

2. 性的指向および性自認を理由に困難を抱える人への支援の必要性

　セクシュアリティ（人の性のあり方）は，自らの意思で選択可能なものではなく，アイデンティティのひとつであるといえる。また，人生選択や生き方を大きく左右することも多い。自他共に受け入れられない場合，人間関係構築の困難，自尊心の低下など，さまざまな困難に繋がる。このような困難から，たとえば性同一性障害者の 58.6% が自殺念慮をもち，28.4% は自傷・自殺未遂を経験した[2]とのデータもある。特に自殺念慮第一ピークは思春期である中学生の頃であるとされており[3]，「自殺総合対策大綱」（平成 24 年 8 月 28 日閣議決定）にも対応の必要性が明記されている。

3. LGBT の困難とは？

　LGBT の困難は大きく 2 つにわけられる。LGBT 特有の課題と，さまざまな社会課題におけるハイリスク層としての側面である。

3-1 LGBT 特有の課題

LGBT であることで生じる特有の困難はさまざまあるが，ここでは2つを特出する。

1つ目に，日本は G7 で唯一，戸籍上同性同士のパートナーは結婚できず，パートナーシップ法などそれに準じる法律もない。そのことで，共に生きる上での保証がなく，困難が生じやすい。たとえば，国内では同性パートナーの遺産を相続できず，2人の名義で家を買うこともできない。このことにより2人で築いた財産や購入した家であっても，パートナーの名義であった場合はパートナーが亡くなると財産や家もなくなってしまう。また，集中治療室への面会や医療行為への同意が親族に限るため，パートナーの緊急時に立ち会えない。子育てをしているLGBT カップルの場合は，共同親権をもてないことで生じる困難もある。

2つ目に，性同一性障害の方でこころの性にからだの性を近づけたり，戸籍の性を変えることを希望する方にも特有の困難が生じやすい。戸籍の性を変えるために，国内では性別適合手術が必要用件となっているが，その手術に保険が適用されず数百万円の手術費がかかり金銭的困難が生じたり，人によっては治療の過程で心身に辛さを覚えることもある。また，性別を変えることに周囲の理解がない場合，職場・家庭・地域などでの障壁が生じることもある。このようにLGBTであることで生じる特有の困難について支援者が知ることは支援をする上で重要である。

3-2 さまざまな社会課題のハイリスク層としてのLGBT

LGBT はさまざまな社会課題においてハイリスク層であるという側面ももつ。たとえば，LGBT の学齢期の課題として，性同一性障害者の約3割が不登校を経験[3]し，68% の LGBT が学校でいじめや暴力を受けるというデータもある[4]。また，大人になってからもさまざまな困難がある。たとえば，LGB の約 40%，T の約 69% が求職時にセクシュアリティに由来した困難があったとの調査がある[5]。このことも要因となり，年収200万円以下のLGBT は 34% にのぼる。また，精神疾患においてもハイリスク層であり，LGB の 25%，T の 35% がうつを経験する[6]というデータもある。また，同性間 DV は相談支援を受けづらく，深刻化しやすいとも言われる。さまざまな社会課題を抱える方の一定数がLGBT であること，そしてセクシュアリティと各社会課題を分断できるわけではない。セクシュアリティについて相談できない環境は各課題の背景について相談できないことに繋がりやすく，またセクシュアリティについてのみ相談できれば全ての課題が解決するのではないことも留意しなければならない。

4. LGBT と相談支援

　LGBT は適切な支援を受けづらい現状がある。その背景には，相談支援の中で想定されていないことで相談窓口がない／少ないことで相談につながれない場合がある。また，支援者に理解がないことで二次被害につながる場合もある。しかし，その相談ニーズは高く，厚生労働省の補助金事業でもある「よりそいホットライン」の性的マイノリティに関する相談は，年間約 50 万件であり，受話件数のうち約半数が 10 代・20 代である[6]。

　LGBT は Facebook や Twitter などの SNS やブログの利用は閲覧・書き込みともに一般層よりも高い[1]といわれ，インターネットでのコミュニケーション頻度が高いことが読み取れる。その背景には，LGBT が仲間を探したり，つながるために掲示板やブログ，SNS，アプリなどのオンライン・ツールを活用してきた背景があると考えられる。すでに，LGBT に向けたチャットでの相談や，メール相談など，オンラインでの相談支援も行われている。相談支援機関がまだ豊富でない LGBT にとって，地域を越えて利用できる電話相談やオンラインでの相談は必要性が高いと考えられる。

5. 今日からできることとは

　LGBT が安心して相談をできるため，まずはなにより研修等を通じ支援者が LGBT について知ることが重要である。また，性自認や性的指向についての相談が可能である場合は，明記をすることで相談のハードルをさげることができる。その際，性の多様性の象徴である 6 色のレインボー（赤・橙・黄・緑・青・紫）をホームページ等に記載することも，相談が可能であることを示す 1 つの方法として挙げられる。

　なにより，LGBT であるとカミングアウトをして相談をする相談者のみでなく，LGBT であると明示していない相談者のなかにも LGBT の人はいるため，どの相談者のセクシュアリティも決めつけることなく，どんなセクシュアリティをもっていても安心して相談をできる環境づくりが大切である。たとえば，「パートナー」という言葉を相談者が用いた場合，「夫・妻・彼氏・彼女」などと言い換えることなく，「パートナー」という言葉を使用することはその 1 つである。また，その際に「結婚しているんですか？」など異性を前提とした発言も控えるよう心がけたい。また，相談票も男女欄でなく，からだの性とこころの性をわけて記す欄を設けたり，相談項目に「セクシュアリティに関する相談」を追記する

など，書面上の配慮も相談をしやすい環境づくりのために重要である。なにより，相談できる場所がひとつあることが，生きやすさを大きく変えるからこそ，LGBTにとっても安心して相談できる支援者・支援機関が今後も増えることを願う。

（特定非営利活動法人 ReBit　代表理事　藥師実芳）

〔参考文献〕
1）電通ダイバーシティ・ラボ「LGBT 調査 2015」より
2）新井富士美・中塚幹也他（2008）「性同一性障害の思春期危機について」『日本産科婦人科學會雑誌』60（2）：827，第 60 回日本産科婦人科学会学術講演会
3）中塚幹也　2010　学校保健における性同一性障害：学校と医療の連携　日本医事新報，No.4521：60-64.
4）いのちリスペクト　2013　ホワイトリボン・キャンペーン　平成 25 年度東京都地域自殺対策緊急強化補助事業　LGBT の学校生活に関する実態調査（2013）
5）特定非営利活動法人虹色ダイバーシティ　2015　国際基督教大学ジェンダー研究センター　LGBT に関する職場環境アンケート調査
6）平成 24 年度～ 26 年度よりそいホットライン報告書
7）http://279338.jp/houkoku/

第3章 メールカウンセリングの理論と学習

本章は 2006 年出版の『メールカウンセリング―その理論・技法の習得と実際―』第 2 章，第 4 章で研究したオンラインに関する知見を改めて精査した内容としている。10 年を経た今，当時と変わらぬ事象はそのままに，大きく変化した事柄は必要に応じて加筆改編している。

3-1 メールカウンセリングの学習

1) はじめに

電子メールを活用した相談は一般化し，特に産業界においては EAP（Employee Assistance Program：従業員支援プログラム）の広まりと合わせ支援手段として広く活用されている。メール活用の最大のメリットは，「第三者に相談する」という敷居を低くした点にある。来談よりも手軽なことに加え，電話と比べても時間的・物理的制限を受けにくく，働く人びとにとっては，時間や場所を気にすることなく相談できるという許容力が受け入れられている。

電子メールが広まった当初，メールはカウンセリングの実効性に欠けるという声があった。場の雰囲気やクライエントの語調・振る舞いなど，重要な非言語コミュニケーションが伝わらないからである。しかし，現在ではそうした課題に決着を待つまでもなく，メールそのものが個を結ぶネットワークとして切り離せない存在となった。かつて電話相談も，カウンセリングとしての是非が問われた時代がある。メールカウンセリングが歩んだ道筋とも似通っている。たとえば，電話だと表情・態度などの非言語が伝わらない，転移・逆転移などの心理的再体験が取り扱えない，情緒表出の制限がいちじるしいなどの懐疑的

考察である。現在，私たちカウンセラーは，電話だけがなし得るサポートの実効性と限界を知っている。今後も新たに生まれてくる次世代のコミュニケーション機能は，紆余曲折を経ながらも人々は有用に使いこなしていくであろう。

　通常，カウンセリングのスタンスは2つに分かれる。1つはアナライズ（分析）的なカウンセリングで，人格の変容などを視野に入れたものである。そしてもう1つはサポート（支援）的なカウンセリングである。通常のカウンセリングは，このサポート的な部分が大半を占める。

　相互の情報を織り込みにくいメールでは，サポート的なカウンセリングが主体となる。その中でカウンセラーは，書き言葉に対する感性が必要となる。ややもするとクライエントの話し言葉に頼り，非言語の助けを借りてきたカウンセラーが，メールでは具体的な書き言葉としての応答が求められる。最低限必要なメールカウンセリングの技術は，「クライエントが返事をしたくなるかどうか」にある。いくら立派な文章，情緒溢れる言葉を綴れたとしても，レスポンスなき相談は一方通行の情報提供に留まらざるを得ない。ここではメールカウンセリング独自の感性の磨き方や，技術の基礎となる内容を紹介する。

2）書き言葉を使ったカウンセリングの歴史

　書き言葉によるカウンセリングの歴史をたどると（表3-1参照），古くは精神分析家による手紙を用いたやりとりにその内容を見ることができる。精神分析がはじまった1900年代，通信や交通手段が発達していなかった当時の精神分析家たちは，互いに多くの書簡を交わし交流を深め，今日でいうスーパービジョンを行っていた。いくつかの書簡を読むと，その内容はメールカウンセリングのサポートそのものともいえる。

　対治療的な書簡としては，精神分析家として有名なフロイトが，外出恐怖になったハンス少年を治療するため，その父親との手紙を通じて助力したことはよく知られている［フロイト／縣田，1984］。当時のコミュニケーションが，対面または手紙が主体であったことからも，文字情報のみを通じてコミュニケーションを取ることは自然なことであった。この手紙のやりとりでハンス少年の症状が劇的に改善されることはなかっといわれるが，フロイトは子どもを持つ親への労りの言葉を丁寧に織り込みながら，フロイトらしい心理的解釈を

第3章　メールカウンセリングの理論と学習　*51*

表3-1　メールカウンセリングに関係するおもなできごと

・電話がグラハム・ベルによって発明される（1875年）
・フロイトのハンスの父親への手紙（Freud, 1909年）社会恐怖のハンス少年を，その父親を通じて治療。手紙を使って父親を指導した。
・ロンドンの牧師チャド・バラーが電話相談をはじめる（1953年）
・インターネットの前身であるアルパネット開発（1969年）
・「いのちの電話」が東京に開設（1971年）現在ではほとんどの都道府県の事務局でファックスでの相談を行っている。
・役割交換書簡法（春口徳雄，1987年）内観法からの発展と融合
・心理書簡法（新田茂・石波博幸，1991年）書簡形式の作文を利用して書き手が発信者対象を設定し，一人二役で発受信を繰り返すことにより，共感性を高め内省を深め，「新しい可能性の発見」と「思いやりの心育成」を目的として新しく創られた心理療法である。
・ライティング法（福島脩美，1994年）カウンセリングにおける手紙の効用と問題点についての研究
・わが国におけるインターネットの普及がはじまる（1994年）
・わが国初の専門家による試行的な電子メール相談（小坂守孝，1995年）論文「電子メールによる‘心理援助サービス’の実践的研究」
・アメリカオンラインカウンセリング協会（ISMHO）の設立（1997年）International Society for Mental Health Online
・日本オンラインカウンセリング協会（JOCA）の設立（1997年11月）

手紙を通じて提供している。とくに，文脈の折々から感じられるフロイトの親への助力姿勢は，現在のメールカウンセリングを考える上でも学ぶことが多い。他方，書き言葉とは異なるが，電話通信が普及する前に，モールス信号による通信が政府・軍隊などで活用される時代があった。つい先日までは，ネット恋愛（ネット上で知り合い，対面コミュニケーションのないまま熱愛にいたる不思議さ）が話題にあがったりしたが，当時においても，モールス信号を扱う通信士の間での恋物語があり，ロマンスとして世間をにぎわせたという。そして電話という新たなコミュニケーションツールが普及する。当時の電話に関する観念は，今日のネットに対する私たちの不安感と似通っている。電話だと表情などが伝わらず十分なコミュニケーションが不可能であるとか，遠くでも近く

にいるような感覚錯誤が起こると考えられ，正しいコミュニケーションがとれないというものであった。電話をかける前には靴を脱いだり，文章を読み上げるように一方的にしゃべり続けたり，また会話の間を置いてはいけない，というような今としては思いもよらない不安や間違えた思い込みが利用者にはあったのである。人びとはこうした新しいコミュニケーションツールを上手く使いこなすために，新たなコミュニケーション手段を開発していった。たとえば「モシモシ」という言葉が生まれたのも，電話コミュニケーションをスムーズにするための手段である。インターネットにおいても，最初の戸惑いをよそにさまざまな工夫を凝らし，人の側から上手に歩み寄っているようである。

　メールカウンセリングに視点を戻すと，電話の普及にともない現在の「いのちの電話」の前身となる牧師チャド・バラーが電話相談をスタートしている（1953年）。「よき隣人活動」と呼ばれたこの活動は，布教的意味もあったといわれるが，自殺予防などを含めた命を尊ぶ支援活動であった。その後，全世界に同様の活動が広がった。現在のわが国では「いのちの電話」として，多くのボランティアに支えられながら都道府県ごとに拠点を持ち，活動をしている。そして，視覚を使ったファックスによる相談活動も行われている。

　一方，書き言葉を使ったカウンセリングの技法や内容では，更生教育の分野で活発な工夫が行われている。「役割交換書簡法」（1987年）や「心理書簡法」（1991年）では，たとえば母親と自分自身が入れ変わりながら一人二役で手紙をやりとりする。他者から支えられた体験を見つめる内観法からヒントを得たこれらの方法は，内面が外に映し出される過程を眺め直しながら内省していく。また，この他にもカウンセリングでのやりとりの角度からまとめた「ライティング法」（1994年）と呼ばれるものもある。メールカウンセリングでこれらの方法をそっくり起用するには課題もあるが，文章のやりとりを時間軸などからも分析した「心理書簡法」など学びとる点も多い。

　そうした中，インターネットの普及がはじまる（1994年）。当初インターネットは，文字情報だけをコミュニケートするパソコン通信という一部のヘビーユーザーのものであった。すでにパソコン通信時代から，ネット上でのコミュニケーションの可能性に関する研究が先駆的な研究者により試行されている。そして現在のような形で電子メールを用いた相談を専門家が試行したのは，

小坂［1995］である。この試行結果は，インターネット上でも論文「電子メールによる“心理援助サービス”の実践的研究」として公開され，後のメールカウンセリング普及の先がけとなった。そうした時期を境にネット上で「カウンセリング」を看板とするホームページなどが現れ，オンラインでの無料相談などが開設されはじめる。また2000年には，公的機関（犯罪被害や不登校の相談窓口）がネット上での相談窓口を設けるなど，オンラインの利便性を活かしたサイトが現れている。

3) ネット世界の心理的感覚

　言葉が持つ力の大きさは計り知れない。どんなに落ち込んでいても，恋人からのたった一言の優しい言葉で気分が晴やかになることもあれば，どんなに楽しい日でも心ない一言によって人は傷つき沈んでしまう。

　言葉の力は，何も口頭で発せられるコミュニケーションだけでなく，音楽や手紙，小説などからも感じることができる。ベストセラーにもなった「ハリーポッター」の物語りの中には，魔法学校にいる少女ジニーを，闇の魔術師ヴォルデモート卿（トム）が，アルバニアの森から遠隔操作するというシチュエーションがある。ジニーは，陰謀で手元に届いた「日記」に何カ月も日々の心配事や悩みを書き続ける。悪者のヴォルデモート卿はそれに対して辛抱強く返事を書き，ジニーを慰めた。そしてジニーは気づかぬうちに，闇の魔術師にコントロールされ，やがて悪行の手先にされていくというものである。もちろん小説での話だが，相手の弱みに近づき，手紙を通じて幼心を操作する行為は，人間心理を学ぶ者にとってあながち否定しきれない面もあるように思えてくる。

　　〔ハリー・ポッターと秘密の部屋〕
　　　パパがおまえに，なんにも教えてなかったというのかい？　パパがいつも言ってただろう？　脳みそがどこにあるか見えないのに，一人で勝手に考えることができるものは信用しちゃいけないって，教えただろう？　どうして日記をパパかママに見せなかったの？　そんな妖しげなものは，闇の魔術が詰まっていることははっきりしているのに！」「トム，あなたぐらいあたしのことをわかってくれる人はいないわ……何でも打ち明けられ

るこの日記があってどんなに婚しいか……まるでポケットの中に入れて運べる友達がいるみたい……。(J. K. ローリング／松岡祐子訳『ハリー・ポッターと秘密の部屋』静山社, 2000)

　インターネット上の小説家（ネット上に小説を公開し，それが書籍となる）として，その時代を作った田口ランディはエッセイの中で，インターネットに触れた際の感覚的隔離について述べている。インターネットが相手と面識もなくニュアンスが伝わりにくいにもかかわらず，言葉を介した多くの情報が入り，時間的空間的な制約がないことから，感覚的錯誤が起りやすいというものである。これはあたかもリアリティに近づきながらも，あくまでもハリボテでしかないという仮想現実の落し穴に入っていく恐ろしさを指摘している。
　また，1日20時間インターネットとアクセスし続ける若者から，仮想の世界に没頭するあまり現実から解離していく感覚を聴くことがある。その多くは，キャラクターやアイドルのホームページにアクセスし，他人の書いたメールを読み続けたり，写真やイラスト，動画の収集に没頭して1日をおくる，といったひきこもる若者たちである。新しい世界と出会い，刺激に翻弄されながら何もしない，何もできない1日を過ごすのである。

　〔ランディのひとりごと（インターネット配信）〕
　　目の前に人がいないコミュニケーションは，瞬間的な視覚としてフィードバックできないから，誤解をどんどん増長させる。大変妄想的なメディアだと思う。(作家：田口ランディ)

　〔ある"ひきこもり"のインターネット感覚〕
　　インターネットに接続していると，自分の意識がどこにあるのかが分からなくなる。インターネットの中にあるのか，それとも今ここでインターネットを見ている意識が本当の自分なのか。(執筆者所感)

　ひきこもる若者たちのことで，よく尋ねられるのが「インターネットでメールのやりとりをしていて人間関係の力がつくのですか?」という質問だ。掲示

版と呼ばれる多くの人たちが集まるサイトでは，ケンカがあったり，言葉の行き違いを解いたり，他者を支援する言葉の投げかけがある。その会話はあたかも通常よりも一歩踏み込んだ人間関係の様相を映し出す。たしかにその中で，他者の気持ちを汲み取ったり，また自己を表現する方法を知らぬ間に学ぶことはできる。しかし，それは，あくまでも直接の接点がない擬似的な付き合いであり，何よりも関係性を突然中断できる特異な関係である。いくらインターネット上で人間関係を構築したとしても，そのことが即，個人の力になるわけではない。このような関係性を精神分析家の小比木は1.5の関係とし，通常の関係性と分けて説明する。

〔インターネットの関係性格〕
　　人と仮想現実の関わりは，1＋0.5＝1.5の1.5関係。人と人の関係は，
　1＋1＝2の2者関係。〔小比木，2000〕

4）メールカウンセリングの課題

受容と共感的理解はカウンセリングの基本であり，メールカウンセリングの場合も同じである。その中にあって，メール特有の傾向を整理してみたい。あげた内容によっては，メール独特ともいえるものがある。メールを活用する者としては，友人などとの通常のメールのやりとりを通じ，感覚的にも確かめながらメールに馴染んでいく必要がある。

（1）相談者と同じ言葉を使いながら往信できる

聞き言葉とは異なり文章になった言葉は視覚として残り，言葉上では明確に同調しながら応答することができる。これは文章化されたことによるメリットでもあり，また逆に変更しにくいとか，強烈に伝わってしまうというデメリットでもある。

（2）オウム返し的な返信ばかりでは，カウンセリングが深まらない

先の同じ言葉を使えるメリットはあるが，それを繰り返してばかりいては，応答の内容が深まらない。対面であればカウンセラーがオウム返し的に応答する中で，内省や洞察が深まる場面があるが，メールの場合はそれだけではやりとりがとだえてしまう。適度な支持，また必要であれば助言など，そして受け

入れられる質問の投げかけが必要になる。

 (3) 感情表現を促すやりとりが求められる

　文章化する特徴として知的整理があげられるが，とくに知的な応答が続く場合や感情の応答が必要な場合は，程度の差はあれ感情表現を促すような投げかけが必要になる。たとえば「そのときどう感じましたか」とか，「そのときの気持ちを教えてもらえれば……」というようなやりとりである。もちろん，このアプローチは相手の自我状態への見極めが必要である。たとえば，重いうつにある相談者に対して必要以上の投げかけは，相談者への負担感を高めるだけである。

 (4) 事実・物語りの整理

　どのような相談であれ，混乱から整理に向かうプロセスがある。メールカウンセリングの応答の中で適度に整理し明確化を促していく必要があるが，通常，メールカウンセリングの場合は，回数の制限や時間的間隔の長さなどから困難なことも多い。いい換えると，数回の応答である程度の見通しが必要になる場合がある。

 (5) 適切な質問・意味ある質問が求められる

　相談者のゆとりに合わせた洞察を深める質問は，情報伝達の制限がある中では，それ相応に的確にしていく必要がある。しかし文章で質問を多くすると，返信する側の労力は膨大なものとなり，質問に対して応答のない場合も多い。またカウンセラー側の先走り的質問は，相手の相談意欲を減退させてしまう。文字情報だけでは，相手の言いたいこと，言いたくないことの把握がむずかしく，カウンセラーが改善を焦るばかりに先走って質問を繰り返すと，相談者が困惑してしまう。

 (6) 適度な解釈の必要性

　言葉では，深い解釈は誤解や困惑を招くことが少なくない。解釈を文字の言葉にしたとき，あまりにも相談者に鮮烈に印象づけられ戸惑いが生じるのである。書簡の限界性を常に見極め，解釈はカウンセラーの知的欲求を満足させるのではなく，相談者の利益につながる内容でなければならない。また，認知行動療法的な解釈，不合理的信念の解釈についても，対面とは異なり相談者の反論の声が届きにくいことを留意しておく必要がある。

（7）対決は真意が伝わらずデメリットが多い

　対面とは異なり，メールカウンセリングでは「誤解のままの対決」「対決にならない対決」「深まらない対決」に陥りやすく，支援的意味が見出せないことが多い。激しい感情ほど正確に伝わらないばかりか，カウンセラーから溢れたままの感情表現が言葉になると，相手にとって受け止めがたい形で目の前にあらわれてしまう。

3-2　メールカウンセリングの基本スタイル

1）インターネット相談の多様化

　インターネットの普及により人びとのコミュニケーションは多様化した。携帯電話の普及により，長文の電子メールから短文のメッセージのやりとりまで，私たちのコミュニケーション媒体は増え，さらには悩みを持った人がインターネットを利用して相談する機会も増えた。

　悩みを持った人がインターネットを利用する場合の1つに，サイトの検索があげられる。たとえば，「自分は神経症ではないか？」「不眠はどのようになおすのだろうか？」「不登校の子どもの心理を知りたい」などと，悩みにまつわる「情報」を検索することによって解決の糸口を見つけようというものである。実際に，「神経症」「不眠」「不登校」などのキーワードで検索すると，専門家の論文から個人の体験など，さまざま情報を手に入れることができる。

　そして「同じような悩みを持っている人がたくさんいて，自分だけではないとわかりすこし安心した……」「解決の方法がいろいろあることを知ってほっとした」などというのが，情報検索によるメリットである。さらには，SNSやブログ（インターネット上の日記の公開など）などにより，同時に多人数とのアクセスが行われ，これまで知り得なかった他者とのコミュニケーションも可能となった。

　これらの特徴をまとめるとすれば，

　・流動的パーソナリティ（仮面モード）

　・共感の対象拡大と拡散（コミュニケーション方法の広がり）

　・即時充足的（スピードアクセスの希求）

・感覚嗜好の優位化傾向大（好きか嫌いか）

・水平的思考（縦社会の崩壊）

・模擬体験による錯覚（仮想現実への逃避）

・他者依存傾向の増大（情報過多の社会）

などがあげられよう。

　たとえば，匿名性が強いインターネットでは，自分を知られることなく情報の発信や授受が行われ，全世界の誰とも知らない他者とでも，同じ趣味や思いの人同士がアクセスができる（コミュニケーション方法の広がり）。そしてその反応スピードは早く，たとえ夜中であろうが時間に関係なくアクセス可能である（スピードアクセスの希求）。こうした選択肢の広がりから，直感的に好みの情報を集めることができ（好きか嫌いか），そこには情報の制限がなく階層や社会的地位の垣根は存在しない（縦社会の崩壊）。

　しかし，情報化社会には大きな落とし穴もある。それは直接体験的にコミュニケーションができるわけでもないのに，あたかも実際に触れたように錯覚していくバーチャル性である。人によってはこのバーチャルにより一定の充足感を得て，現実の世界から逃避しようとする（仮想現実への逃避）。また表向きの情報は，誰にでもすぐに手に入るだけに情報に溺れ，さらにはその発信は真実とは限らず，正しい情報の選択がむずかしい（情報過多の社会）。選択が困難なゆえに，自己判断により決定づけるのではなく他者からの情報に依存しやすくもなっている。

2) メールカウンセリングの感性の磨き方

　インターネット上には，障害や悩みを共有するさまざまなホームページが開設されている。そうしたホームページを閲覧しながら，メールカウンセリングのエッセンスを知り得ることができる。ホームページには当事者らが集まり，情報交換や生活を支え合う活動を展開している。当事者であるからこそわかり合える心情の共感や，苦悩についてオープンにコミュニケイトされている。

　セルフヘルプ・グループ（自助組織）や当事者が発信するホームページにアクセスしながら，悩みの本質を理解したり解決の糸口を模索することは，インターネットを通じて支援しようとする者として必要な学びである。もちろん

第3章　メールカウンセリングの理論と学習　*59*

表3-2　カウンセリングの基本的なトレーニング方法

①ワークショップなどへの参加
　　エンカウンターグループ，カウンセリング・ロールプレイ，フォーカシング，
　　サイコドラマなどのワークショップへの参加を継続することが，カウンセ
　　ラーとしての質を向上・維持させる。
②当事者グループへの参加やサポート
　　さまざまな掲示板やメーリングリストが存在する。それらへの参加や閲覧を
　　継続すること。
③精神病理・薬物療法の理解
　　基本的な病理の学習。
④カウンセリングワークノートでの勉強
　　文章化したカウンセリングの応答から，自己の応答を振り返ることができる。
⑤コンピュータ・セラピストとの会話
　　年々進化する機能はカウンセリング的応答を基本としている。その機能から
　　学ぶことも多い。
⑥スーパーバイジーの継続
　　カウンセラー自身の自己肥大の予防。もちろんカウンセラー自身の安定が必
　　要最低条件。
⑦事例検討会への参加
　　カウンセリング関連の協会実施の検討会や，心理系学会の検討会への参加。

のぞき見的な参加は慎むことが大切であるが，マナーを守りながら一度は訪れ
てみたい。参加者の多くは，最初は公開されている内容を眺めながら，自らが
発言する機会を待っている。これはグループの雰囲気を知ることだけではなく，
独特の雰囲気やいい回しなども興味を持って吸収していく時間でもある（表
3-2参照）。
　ホームページ上の自助グループは，「アルコール依存症」「薬物依存」「うつ
病」「アダルトチルドレン」「パニック障害」「LGBT」などのグループがあり，
それぞれが意味ある活動を行っている。中にはリアルタイムなチャットを活か
し，今を支え合うグループもある。

3) 基本的なスタイル

A. 開始に向けて

対面カウンセリングに時間的物理的な枠組み（構造）があるように，メールカウンセリングにおいても独特の支援構造がある。

表3-3は，メールカウンセリングの主な枠組みである。もちろん，カウンセラーの位置づけやシステムによって異なる点もある。それぞれの実践の中から独自のスタイルを作る参考にしてほしい。

以上のような支援構造が考えられるが，かかわりや場面によって異なり明確な区分けはむずかしい。

たとえば，病院での相談の補完的な支援ツールなのか，それとも大学での相談などに見られるように遠隔キャンパスに通う学生への支援なのか，また電子メールだけのつながりだけしか持てない関係なのかなどによっても異なってくる。

B. アセスメント

相談の開始時，また途中でのアセスメントは心理テストを活用するかどうかにかかわらず重要である。メールカウンセリングの運営形態によっては，相談者にあらかじめウェブ上で可能な心理テストを受けてもらい，その結果を元に内容を進めるものもある。しかしほとんどの場合，相談初回の文章からその人となりなどをアセスメントすることとなる。

大まかな人格判定は，文章の特徴から把握することとなる。しかし，どの場合もあくまでも文章からの憶測にすぎず，相談者とのやりとりから把握していくことが大切となる。

相談者の方に働く初期の防衛機制としては，

①依存的服従的態度：「傷つくのを恐れ自己主張しないでいる」

②支配的攻撃的態度：「優位な立場になることにより傷つくのを避ける」

③逃避的断念的態度：「第三者的な立場に立ちテーマに入れないでいる」

などがあげられる。いずれにしても，早期のラポール形成に留意することが重要である。

（1）主訴の確認

表3-3 支 援 構 造

①1回当たりのおおまかな文章の長さ

800文字から2,000文字程度が，返信の範囲と考えられる。理由は，長文だと読み手，書き手とも労力が追いつかないこと。返信が長ければ長いほど焦点が曖昧になってしまうことなどがあげられる。また，短文の相談には短文の返信を，長文にはそれ相応の返信量を心がけ，双方に負担なく対応していくこともポイントになる。なお，後述するSNSやチャットを用いた相談については電子メールと異なる点も多い。

②送受信の間隔

ビジネス文書の返信マナーでは，即日または翌日となる。しかし，メールカウンセリングの場合は翌日から3日程度を目安と考えていきたい。これは通常の電子メールのやりとり（友人間など）が同日程度で行われることが多いからである。相談者の返信に対する期待もやはり同じようになる。

③相談回数（制限の有無）

ワンタイム（1往復）の相談から，3〜5回程度をワンセッションとするなど，一定の区切りをつけながら相談を行った方が効果的にやりとりが進む。もちろん支援構造によっては無制限となる場合もあるが，長期的支援に立つ相談活動なのか，それとも何らかの成果を求め行う相談活動なのかを見極め構造化する必要がある。

④終結の方法

相談体制により異なるが，来談カウンセリングにつなげる，リファー先へつなげる（より支援力のある相談先）などの工夫が必要になってくる。いずれにしても相談の必要なとき，課題が解決しそうもないときは再び相談を利用するような投げかけも必要だと考える。

⑤ 守秘義務の説明

相談開始時の契約に明記しておく必要がある。個人保護の立場，カウンセリングに理解を求める立場からも何らかの明示が必要である。

⑥電子メール以外の連絡方法（所属団体などの明示）

相談者が匿名でも，相談を受ける側は明確に立場を表明しておく必要がある。もちろん責任の明確性が求められるが，人はどこの誰だかわからぬ専門家には，相談しないものである。説明責任を果たせる相談活動が基本となる。また，機器の不具合により本文が不達となる場合もある。なんらかの理由のため不具合が生じることも想定し，トラブル時の連絡先，対応先を明示しておきたい。

⑦開始前に集めたい情報

年代，性別，通院歴など，ごく基本的な情報は開始契約時に聞いておくこともできる。あまり細かい事前情報を集めようとすると相談の敷居が高くなるという問題も生じる。

・何を期待しているのか，困っていることはどんなことなのかの確認が必要
になる場合もある。
・文章を一方向からのみで理解せず，あせらず的確に，早合点しないこと。
・相談者自身が何を，どのように伝えていってよいかわからないことも多い。
・文章の癖や語られる内容にもよるが，送られてくる文章にはとらえどころ
がない内容のものもある。
・伝わりにくさや主訴の拡散は，たんに電子メール経験の差による場合も見
られ，とくにキャリア的な相談の場合は箇条書き的に整理し，明確化を促
すような応答をする場合もある。

(2) 文章の特徴

文章の特徴は，電子メールへの慣れの問題もあるので一概にいえないが，その人となり，パーソナリティが反映されることも少なくない。

・全体のニュアンス：文書全体の雰囲気である。性別や年代によって文書表
現は異なるし，言葉づかいによっては，自己価値観やプライドを推し量る
ことができる。
・文書センテンスの長さ：文章に親しみを持っているかどうかによっても異
なるが，几帳面さ，思慮深さなどが読み取れることも少なくない。神経質
な人は文章のセンテンスが長くなる傾向がある。
・顔文字やくだけた表現：電子メールの慣れを示すにはよい指標となる。頻
繁に電子メールを使う人は，男女に関係なく顔文字を使ったり砕けた文章
を使う頻度が高まる。
・文言の飾り具合い：知的すぎないか，逆に幼すぎないかなどの指標となる。
・改行の使い方：几帳面な人ほど，改行が多くなる傾向がある。また状況が
混乱しているほど，改行なく切羽詰まったような文章になると思われる。
・質問の量：相談への期待，受け止めてほしい気持ちを推し量ることができ
る。なお相手への負担を気にするあまり（自己抑制が強い）文章を短くす
る相談者もいる。
・漢字変換の様子：むずかしい漢字を多用し知的処理に片寄りすぎていない
かどうか，誤字脱字が多く気持ちが焦っていないかどうかなどを想像する
ことができる。

・送信時間帯：相談者の生活時間帯をうかがい知ることができる。

・アドレスのつけかた：その人の内面が現れる。適度にユーモアを持っている人がユニークなアドレス名を使っていたり，希望や夢に苦しむ人がそれに関係する英単語のアドレスを持っていたりする。

・件名のつけかた：（事務的な「職場の相談です」，愛想のある「先生助けて？ねっ」，ユニークな「ミヨコのお悩み3号」）フレンドリーな応答を求めているのか，それともきっちりとした支援による助言を求めているのかを想像することができる。また，表現によっては防衛的になりすぎたり，自尊心が極端に低下していないかどうかが読み取れるときがある。いずれにしても，カウンセラーが相談者にジョイニング（つながる工夫としての雰囲気へのチャンネル合わせ）することも大切となる。

C. ジョイニング

(1) 基本的な挨拶

・枕言葉を入れる：電子メールでは基本的に時候の挨拶は省略される。「はじめまして私は……」「こんにちは」「久しぶりです」「この前はメールありがとう」など，基本的な常識の範囲で言葉を入れる。挨拶は電子メールの場合も大切なマナーである。

・支援構造を知らせる：「お話は私以外に伝わることは一切ありませんから安心して下さい」「ご相談のやりとりもあと2回となりました」など，必要な情報提供はタイミングを見て伝えていく必要がある。

(2) ジョイニングする

・相手のニュアンスと合わせる：言葉じりや文脈の使い方などを，カウンセラー自身が無理を感じない範囲で合わせていく。きっちりとしたニュアンスが伝わる相談には展開のはっきりした応答を，またフレンドリーな相談者に対しては日常的なニュアンスを，など違和感のない範囲で同じスタンスでの返信をする。

・好意を伝える：好感を感じた面をアサーション（自己表現）で実直に伝える。これは文字媒介だけに頼る電子メールの特徴でもあるが，支持的な応答でカウンセラーの心情や状態をある程度伝えていかないと，情緒感のな

い応答になってしまう。相手の顔が見えない相談活動だけに，相談者がカウンセラーの人物像をつかみやすくし，相談しやすいやりとりの場を提供することは大切な支援でもある。味も素気もないコミュニケーションにならないよう注意したい。

D. 応答の土台

　メールカウンセリングも対面カウンセリングと同じであり，いかに相談を聴くか，相手の話を理解するかにかかっている。これはメンタルの相談であれ，ステップアップを目指すキャリアカウンセリングでも同じである。

（1）無条件の肯定的関心

・クライエントの話に関心を持つ，批判や否定，評価は置いておくこと：「片寄らないこころ，こだわらないこころ，とらわれないこころ，広く広くもっと広く」というように相談者の心情に積極的な関心を持ち続けていきたい。

〔POINT〕

◇ベテランの臨床家は，共感的理解の深まりとともに，意識しない言葉のオウム返し言動をする。

◇受容や共感的に理解されたことを，相手にしっかりと伝え返すことは対面カウンセリングと同じ。

◇相互作用なきカウンセリングは存在しない。

◇ワープロ機能を生かしながらコピーアンドペースト（切り貼り）する。この点が手紙と異なる。

◇切り貼りは，便利な一面，何の情緒も理解もともなわない場合がある。

（2）共感的理解に基づいたフィードバック

・クライエントの気持ちを，そのままに感じとろう（入ろう）としながら理解し，理解した内容を伝える。

・内容をまとめたり繰り返し，しっかりと読んでいることを伝える。確認しながら洞察を促す。

〔POINT〕

◇文章という特徴上，ややもすると知的活動が高まり感情的関与が少なくな

るといった傾向があるので注意する。

◇適切な質問を入れることによって感情を喚起することが求められる。たとえば，「○○のときどのような気持ちになったか，苦しくならない範囲で教えて下さい」といった投げかけや，「○○のときどんな感じがして嫌な気がしたのかなって思っています。よかったら聞かせてもらえませんか？思い出すと辛くなるようだったら無理しないで下さいね」というような問いかけをし，感情の具体的記述を求めていく方法など。

◇文章から情緒を読み取らなくてはならないので，内容によっては共感的な理解がむずかしい。（例：不倫に悩むクライエント，不倫相手が妹の夫だという「彼をとっても愛しているのね……」という共感も文字にすると強すぎる場合があるなど）。

(3) 自己一致した態度

・カウンセラー自身の素直な気持ちを知る。そして必要なときにはアサーション（自己表現）していく。

〔POINT〕

◇過度のカウンセラー側の自己表現，とくに自己体験を語る際には，その意味と伝えたくなる理由を自らに問い直すこと。

E. さまざまなアクセント

　メールカウンセリングの場合，限られた情報の中で，いかに効果的な質問をしていくかが鍵となる。かといって質問や投げかけが多すぎると，相談者は質問に応え切れずに返信が滞りがちになる。また，カウンセラーからの質問責めに対しての返信で労力を使ってしまうことにもなりかねない。カウンセラーはつねに質問の意図を考え，意味のない質問，ただ状況を確認するだけの質問を繰り返さないよう注意が必要である。

(1) 効果的な質問

・閉じた質問と，開いた質問の使い分け：認知レベルには閉じた質問（YESやNOで回答できる質問），情緒レベルには開かれた質問（どのようにでも回答することができる質問）を効果的に使い分ける。とくにどのような思いでいるのか，どんなふうに感じているかに焦点を当てていく。

情緒＝×「お母さんは嫌い？」

　　　　○「お母さんのこと，どんなふうに思っているの？」

・質問の先走りに注意する：質問の先走りの問題として，「クライエントからの非言語情報のなさを補おうと，明確化を越えて筆者の先走り的な解釈になった対応もある（例：「もしかしたら……ではないかなあ？　と思いました」）[小坂，1997] という点があげられる。小坂は，先走りによってクライエントが問題解決について依存を促してしまうことの危険を指摘している。

　　メールカウンセリングの場合は，先走り的な解釈が間違っていても，相談者の表情や態度で齟齬が感じとれず，カウンセラー側の思い込みで終わってしまうことも少なくない。そして相談者の方も，応答の大変さから誤解を訂正しようとしないことが多い。

・ソリューションアプローチによる質問：ブリーフセラピーなどソリューション的な質問を投げかける解決指向により，新たな発見をうながすことができる場合がある（ただし相談者に心的なゆとりがあるとき）。以下はソリューションアプローチの代表例である。興味あるカウンセラーは，スキルを身につけておいておきたい。

　　なお，クライエントの置かれた自我水準の状態によっては，行動化など見立てを越えた事態をまねく恐れがある。また，相談者のプラスの面に視点を移すため，相談内容がポジティブな方向に偏る危険があることは常に注意したい。

・リフレーミング（問題の再構成）

・例外探しの質問

・ミラクル・クエスチョン（魔法の質問）

・スケーリング・クエスチョン（数値化の質問）

・ロールプレイ・クエスチョン（役割交換の質問）

・コーピング・クエスチョン（対処行動を再認知する質問）

(2) 解釈

　助言などと結びつけるため，心理的な解釈を相談者に伝えることがある。しかし電子メールの場合は，解釈が実直に相談者に伝わる例は少なく，むしろ誤

解や困惑をもたらす結果となることも少なくない。とくに文章による解釈はインパクトが強く，解釈が相談者の胸に落ちないまま，それがお互いにわからず感情のすれ違いが起こりやすいし，逆に的を得すぎていても解釈の後にそれを話し合う場面もない。これは精神分析的な解釈だけにとどまらず，認知解釈（自動思考と不合理的信念「事実か自動思考か」「合理的か不合理か」など）においても同じである。

（3）対決

電子メールでの文脈上の誤解から，相談者と「怒っている，怒っていない」の二者択一的な往信がしばらく続いた。しかし，たった1回の電話の最初の5分間で，何ごともなかったように相互理解がなされたことがある。文字情報だけのコミュニケーションでは，非言語が伝え合えられずに「対決にならない対決」「互いに深まらない対決」が繰り広げられる可能性がある。

（4）専門知識の伝達

キャリアカウンセリングを含め，知識や情報伝達としてのニーズが高いのもメールカウンセリングの特徴である。必要に応じた情報提供，情報入手の方法の助言は，インターネットの利便性を生かした支援となる。その特徴としては，情報収集アクセス権の拡大（リンク先からの情報集め）。秘密性（電話とは異なり，同居人にやりとりを感じさせない），地域障害への支援拡大，スーパービジョンの拡大，心理テストの計量処理，医師やカウンセラーの選択機能の拡大，予防・開発的なカウンセリング啓蒙［柿井，1997］などがあげられる。

F．メールカウンセリングに活かす心理療法

心理療法は，年間100余りの療法があみ出されては消えていく世界でもある。カウンセラー自身のスタンスに合った心理療法のエッセンスを，メールカウンセリングに活用していくことも大切な支援につながる。メールカウンセリング独自のアプローチといったものはなく，また従来の心理療法のアプローチをメールカウンセリングにそのまま適用しても上手くいかない。たとえば，認知療法によるトリプルコラムの作成をストレートに相談者に依頼しても，その内容がかえってこない。役割交換法で役割を交換してもらい文書を綴ってもらおうとしても，その大変な作業を試みる相談者は少ない。次にあげた心理療法は，

従来の対面カウンセリング場面を元に工夫をこらし発展してきたものばかりである。メールカウンセリングでの限界を見極めながら活かす必要がる。

① 「ライティング法」や「役割交換書簡法」「心理書簡法」―心理更生として司法・教育分野で採用
② 「生活綴方」―教育機関のリアリズム実践
③ 「日記指導」―森田療法
④ 「自己記録の記載」―行動療法
⑤ 「情動分析」―認知療法
⑥ 「生活分析表」―生活分析的カウンセリング（LAC）
⑦ 「文章完成法」を活用する臨床家
⑧ 「ブリーフセラピー」の質問
⑨ 「トリプルコラム法」―認知療法
⑩ 「手紙」を活用する臨床家の事例モデル

G. 安全性を高めるために

（1）相談上の問題

相談上の問題として。

・相談者の依存的破綻の予防
・カウンセラーの仕事中毒の予防（プライベートとの区別）
・事実だけにとらわれずに情緒的な課題をキャッチするトレーニング
・カウンセラーのメシア願望の予防

などがあげられる。これらは対面の場合とほぼ同じであるが，メールカウンセリングの場合は相談業務が自宅などでもできやすいだけに（個人開業の場合），情報保護とともにカウンセラーのプライベートとの区別をしっかり保つ必要がある。

（2）機能上の問題

機能上の問題としては，以下があげられる。

・電子メール署名機能の自動添付の停止：誤ってカウンセラー個人の情報が伝わってしまわないように配慮する必要がある。
・間違え送信の予防：電子メールはその利便性がゆえに，クリック１つで作

成した内容が相手に届いてしまう。また，パソコン本体・メールソフトに個人情報の登録を行っていて，その内容が伝わったり，自己のホームページでの必要以上の情報公開を行っていないかの確認も必要である。

H. その他の重要な事項

次にあげるような病態によっては，一般的なメールカウンセリングでは対応が困難な場合もある。カウンセラーは，スーパーバイズを受けることができる経験者や上位者とのネットワークが求められる。

・重度のうつの方とのメールカウンセリング
・妄想状態の方とのメールカウンセリング
・ボーダーライン（境界性人格障害）の方とのメールカウンセリング
・医師やカウンセラー批判，病院批判，投薬批判を含むメールカウンセリング

※メンタルを専門とするカウンセラーは，統合失調症やうつ病を話題とする

表 3-4 実践するさいのチェック項目

☐ フィードバックによる病理（妄想など）の助長をうながしていないか。
☐ 文章・文脈には見えない部分についての可能性を探っているか。
☐ 見えてこない部分を適切に質問しているか。
☐ 相談者の期待度を把握しているか。
☐ 内省ばかりに偏っていないか（現実と内面にバランスよく応答しているか）。
☐ 相談者の現実検討，直接対決などを避ける材料として，この相談が機能しすぎていないか。
☐ 健康な部分をサポートしているか。
☐ 抽象的・知的処理に陥っていないか。
☐ 非言語情報が欠けていることを忘れていないか。
☐ 文字情報という言葉の意味の鮮明さと固定性に注意しているか。
☐ 適切・必要な情報を伝えているか。
☐ 電子メールでできること，できないことの限界を相互理解しているか。
☐ 緊急時の想定を考えているか。
☐ 往信の期間や終了方法などの治療的契約の枠を互いに理解しているか。

メーリングリスト，ボーダーラインの人が集まる掲示板などを参考とする
など，日頃からそれらのインターネット上の世界を理解しておく必要があ
る。

表3-4の一覧は，メールカウンセリングをすすめるうえでの留意点をまとめ，
チェック項目とした。メールカウンセリングをすすめながらも，ときおり振り
返っていく必要がある。

3-3　他のカウンセリングとの相違

1）メールカウンセリングの特徴からみた相違

（1）非言語情報が伝わらない

表情や態度，筆跡など，言語以外の情報は皆無に等しい

非言語情報を補うため電子メールでは，エモティコン（顔文字）による感情
のカッコ入れ（emotional bracketing）や，文書表現の微妙な工夫により，情
緒を伝達（ワープロスキルの習熟度により特徴が発生）しようとしている。

（2）間接的つながりである

メールカウンセリングの特質は「間接的つながり」にある

相手の氏名，社会的背景，所属先などの情報が伝えられることは少なく，あ
くまでも文章上の情報のみから構成される時間的・空間的スペースを作り出し
ている。相談者を周辺の情報からステレオタイプに判断していかないというメ
リットはあるものの，あくまでもコミュニケーションは間接的なものである。

（3）クライエントの自我状態

知的作業を経た自我状態しかわからない

メールカウンセリングは文章を綴るという，知的作業がともなう。そのため
比較的健康度の高い相談者へのニーズに応えることしかできない。また，知的
作業というバイアスがかかった上での相手理解であるので，本来の自我状態が
表明されているわけではない。

（4）仮想としてのつながり

あくまでも仮想現実の世界である

リアリティのないインターネットの世界に触れることは，真実から離れるだ

けではなく，心実（心の中にある感覚的事実）からも離れていく可能性のある仮想性の危うさにかかわることでもある。

3-4　メールカウンセリングの危機介入

インターネット上には，さまざまな危機刺激が存在している。たとえば，ひところ話題となった「ホームページ上で公開された自殺日記（女子高校生のサイト）」や，面識もなくネット上で知り合った人同士の自殺企図など，アクセスが自由なだけに問題点も少なくない。そうしたインターネット特有の背景を理解しながら，支援する側は危機介入を行い，かつその限界を見極める必要がある。

自殺の問題は，とくにメンタルの相談を行う者にとっては避けてはとおれない課題である。最近の傾向（自殺統計）を把握しておくことはもちろんのこと，「わが国の若年層の自殺者は，他国と比較して多い」ことや，「自殺をほのめかす人，未遂を繰り返す人ほど自殺の危険性が高い」など，ややもすると逆のこ

表3-5　自殺にかかわる相談対応　［秋山・斎藤，2002を改変］

---

(1) 死の訴えに直面する
　　無理に話を明るくしたり，死のテーマから話を逸らさない。
(2) 　危機の程度を理解する
　　自殺念慮，自殺企図，衝動的自殺など，場合によっては現況をためらわず具体的に尋ねることも大切。
(3) 感情表現と現実対応
　　共感的理解を示し感情の表出を助けながらも，現実的対応に目を向けてもらうアプローチも必要になる。
(4) 関係づけをする
　　新しい提案や計画を知る。カウンセラーの自己一致をもって，共に責任を持つなどの提案をする。
(5) 再度のメールの依頼
　　相談構造にもよるが，基本的には今後の相談依頼を促し孤立化を防止するアプローチが重要となる。

とを想定しやすい思い込みを自らが解いておく必要がある。

　このほか，緊急時の連絡先の情報把握（「いのちの電話」その他の連絡先，リファー先のネットワークなど）をしておく必要がある。必要なとき相談者に情報提供し，他の相談先への連絡をつけやすいようにしておく。一般的な情報は，地域の保健センターなどに問い合わせると入手しやすい。またごく稀ではあるがメールの相談者が関係機関に連絡をとり自殺を予防できた事例もある。相談者の情報提供の状態や程度によっては，関係機関や警察などと連携・支援検討する必要がある。

※重要〈危機介入の限界〉

　メールカウンセリングではクライエントに直接的に危機介入できない。つまり，クライエントを保護したり，その場で家族に連絡を入れたり，また表情や態度，服装などからクライエントの危機的状況を同定できない。連絡が途絶えると再度の連絡も困難である。

　それゆえ，メールカウンセリングではその限界性から，危機介入は行えないと定め，あらかじめ相談を受ける前に自殺念慮や自殺企図，重篤な精神疾患の相談を受けないという枠組みもある。さらには，EAP など従業員の安全を守る相談活動では，匿名性の相談を受けないなどの危機管理に即した枠組があり得る。

〔引用・参考文献〕

秋山聡平・斎藤友紀雄　2002　自殺問題 Q & A―自殺予防のために―　至文堂

藤掛永良・今井靖親（監修）／奈良「いのちの電話」協会（編）　1999　実践電話カウンセリング　朱鷺書房

フロイト／懸田克躬（訳）　1984　フロイト著作集第 5 巻　性欲編・症例研究（5）人文書院

春口德雄　1987　役割交換書簡法―人間関係のこじれを洞察する―　創元社

林　潔　1999　社会的サポートとしての電子メールを用いたカウンセリングの役割　電話相談研究，10，31-38.

柿井敏昭　1997　双方向 TV を用いたマルチメディアカウンセリングの基礎的研究　心理学研究，68，9-16.

北山　修　2000　情緒七言語化　精神分析研究，44（1），37-45.

小坂守孝　1997　電子メールによる心理援助サービスの実践的研究　コミュニティ

心理学研究, 11（2）, 187-198.
小林正幸　2001　なぜ, メールは人を感情的にするのか——Eメールの心理学——　ダイヤモンド社
武藤清栄　2002　電子メールの表現とコミュニケーション　現代のエスプリ 418　メールカウンセリング　至文堂
新田　茂　2002　心理書簡法の観点からみたメールカウンセリングの心理過程　現代のエスプリ 418　メールカウンセリング　至文堂
小此木啓吾　2000　「ケータイ・ネット人間」の精神分析　飛鳥新社
坂元　章（編）　2000　インターネットの心理学　学文社
妙木浩之・MAKI　2001　好きできらいで好き　心理経済学講座　日本放送出版協会
田口　太　2000　対話実践としての生活綴方　海老名みさ子・田口　太（編）生活綴方論文集　東洋大学文学部教育学科志摩研究室

> コラム 3

JOCA 地域勉強会のご紹介

　JOCA 地域勉強会（以下「勉強会」とする）は, JOCA の受講修了者のみならず, 医療従事者や専門職, 事業主, 一般の会社員, 学生と多彩な顔ぶれが, 性別・年齢・職種を超えて一堂に会する勉強会で, リラックスした雰囲気のなか, 和気あいあいと会話のはずむ楽しい空間だ。
　お陰様で 50 回開催を超えることができ, これもひとえにご参加下さる有志メンバーの方々の自分自身と他者への純粋な興味関心と, また旺盛な探究心の結実であると, 感謝申し上げたい。
　以下, 勉強会の概要とこれまで取り上げられた大まかな内容をご紹介させていただく。

JOCA 地域勉強会
　　日時：概ね月に 1 回程度, 平日 10：00 〜 13：00
　　場所：ビヨンドザボーダー株式会社／大山オフィス（板橋区大山）
　　参加費：3,000 円

参加者：看護師や精神保健福祉士などの医療従事専門職，会社経営者，産業
　　　　　メンタルヘルスに関わるカウンセラー，施設等の支援相談員，学生，社
　　　　　会福祉士などの福祉関係専門職，主婦，主夫など，多彩な顔ぶれと幅広
　　　　　層の方が参加。

過去に取り組んだ内容
・事例検討とディスカッション
・メールカウンセリングのやりとりのグループスーパービジョン
・メンタルヘルスの動向に関する情報提供
・メンタルヘルス等に関係する法律および国際基準等の改正に伴う情報提供
・情報誌や新聞など紙上掲載されている相談事例から学ぶディスカッション
・参加者がかかえる，或いは参加者の身近に起こった課題やもやもやについて
・各専門分野における参加者同士による専門技術や固有のスキルの教授
・森田療法受講生による継続したセミナー・エッセンスの提供
・暑気払いや忘年会・新年会などの親睦会

　最初に「興味関心」と申し上げたが，この勉強会の大きな特徴は“自主・自発・自立”ではないかと個人的には思っている。仕事であれば多少の義務（感）が伴い組織の指示に従うことが生じるのは当然である。人は仕事上あるいはプライベートで何かしら悩ましいことが頭の片隅にもやもやとどまっていると，日常生活や働くうえで自分自身の能力を十分に発揮することが難しくなりやすい。そしてメンタルヘルス＝心身の健康に変調をきたし，私たちの仕事の質，生活の質，人生の質に好ましくない影響を与えることもしばしばで，その最大の要因が「人間関係・コミュニケーション」であることは間違いないといえるだろう。そのようななか勉強会での対話がヒントとなり，ネガティブな視点・捉え方がポジティブな視点（今後に向けての具体的な行動指針）へとリフレームされることに，毎回気づかされる。

　人は日々の日常に埋没しやすく，意識しなければ自分を振り返ったり客観的に捉え直したりする機会がほとんどないのが普通ではないだろうか。

　少なくとも筆者は「自分自身が何者なのか」「いかなる長所（強み）と短所（弱み）を併せ持っているのか」といった特質を知り，それを肯定的（ありのまま）に受け止め“自分をより深く知る”ことでスキルアップの手がかりを得ることができるのが地域勉強会の醍醐味でもあると感じている。

医療福祉現場における対面・電話またはメールカウンセリングを専門とする私たちは，クライエントに対して過去のつたない経験（値）や価値観から助言や選択肢を提案することがあるが，なぜ今ここでその語彙を使ったのか，カウンセラー自身の価値観はどのような出来事から育まれたものなのか，それらを日々折にふれて認識することが大切である。なぜならクライエントは他者であって自分ではないのだから，一方的にカウンセラーの考えを押しつけるだけではプロとはいえない。自分のコミュニケーションパターンや思考の傾向を知ったうえでないと，安易に他者の人生に土足で踏み込む危険性をはらんでいることも常に認識しておく必要があるだろう。対人援助職としての能力を高めるためには"自分を知る"ことが不可欠であると日々痛感している。

　もうひとつ，カウンセリングはその実践において，カウンセラーとクライエントが互いに刺激しあい相互作用が生まれる協同作業といえるだろう。カウンセラーが語る言葉にはクライエントにとってはこちらが考える以上の重み（真実味）を持つ場合がある。相手が理解しやすい言葉を適時伝えるには，考えや感情を効果的に言語化することが必要で，勉強会はその研鑽の場にもなっているように思える。

　回を重ねるごとに参加者同士がありのままの姿で，率直に意見やアイディアを出せる雰囲気と安心感を醸成してきたのも，この勉強会の特徴であり強みといえるだろう。

　枠にとらわれることのないリラックスした雰囲気のなか，初めての方でも安心してご参加いただくことが可能である。皆さんも，個人や社会の中によい循環を生み出すために"Face to Face"で一緒に楽しく学び合い，力量アップを図ってみてはいかがだろうか。テーマは自由。途中参加（退席）も自由。これからも，互いの意思を尊重し合えるこの自立した空間を大切に，参加者と共により一層の場の「成熟」を楽しみに，微力ながらお手伝いしていきたいと思っている。

　詳細や開催スケジュールはJOCAのWebサイトの新着情報に掲載しているので，散歩がてら，ぜひお気軽に足を運んでみていただきたい。

（地域勉強会事務局担当　町田悦子）

第4章 メールカウンセリングにおける見立て・方針・援助

　相手を理解した，理解できたと"わかったつもり"になることは「同情」でしかない。相手の状況を自分にそのまま当てはめて"もし自分だったら"と安易にすり替え想像し，涙を流しながら相手の話を聞くことは，友だちであればそれもよいだろう。

　しかし専門職は，まずは相手（クライエント）を自分とは異なるかけがえのない"オンリーワン"の存在として捉えるところからがスタートとなる。つまり，クライエントの気持ちを完全に理解することはできないということを大前提としているかどうかが何より大切である。

　専門職の行うカウンセリングで大切なのは，「同情」でなく真の「受容・共感」であり，「傾聴」「感情移入」である。想像力（イメージする力）をはたらかせ相手の気持ちをリアルに感じとり，「目の前のその人」の気持ちに寄り添うのだ。

　クライエントの気持ちそのものになりきることはできないからこそ，簡単に自分の枠（フレーム）に当てはめてわかったつもりになろうとせず，謙虚にどこまでもその人の気持ちを理解しよう，すこしでも近づこう，感じ取ろうとすることが肝要である。また感じ取ったことを，バーバル（言語）・ノンバーバル（非言語）を含めて相手に適時かつ適切に伝える工夫を凝らすことが専門職にとっては不可欠である。つまりカウンセラーは，カウンセリングの場面でクライエントに対してどこまでも謙虚になる必要があり，「人」としての深さが求められるのである。

　メールカウンセリングにおいても同様に，他者を完全に理解することは不可能であることを前提に，カウンセラーはクライエントに対して関心を持ってど

こまでも感じ取ろう（理解しよう）と努めることが大切である。クライエント（およびクライエントを取り巻く環境を含めて）に今何が起きているのか，その本質を把握する（「見立て」る）ことによって，初めて今後の大まかな「方針（長期的目標）」が生まれ，それに沿った具体的「支援」（メールカウンセリングの場合はカウンセラーの文字による返信内容）を展開することができる。

　この章では，メールカウンセリングにかぎらず，およそ人にかかわる相談援助活動全般にあてはまる基本的なカウンセリングの進め方について構造的に理解するうえで必要なことを文字に括って可視化することを試みたい。

4-1　メールカウンセリングで陥りがちなパターン

　はじめに，カウンセラーがメールカウンセリングを展開していくうえで陥りがちなパターンを以下挙げる。どんなにカウンセラーとしての経験が豊富であっても，時に基本に立ち返って見直していただきたい。

　(1) 利用者の本質的なニーズを把握する前に，目の前の相談を安易に解決
　　　に向けようとする──〔思いつき援助〕

　カウンセラー（専門家）であることの自信のなさやその反動・気負い等から，「役に立つ人」として自らの立ち位置を明確にするために，早い段階で相談者に安易な答えを返したりしてしまうことはよくある。また，相談員が相談者の人生に寄り添ったり，関わりをもったりすることに対する不安等から相談者を受け止める前にリファー（他の関係機関に紹介）したり，解決を急いでアドバイスしたりすることは多々ある。

　(2) 受容・共感，傾聴していることを過度にアピールしようとする──〔くど
　　　い援助〕

　対面のカウンセリングをイメージして，受容・共感していることを言葉（文字）で相談者に伝えようとして，クライエントが使った言葉のあとに「〜なのですね」とクライエントの言葉をなぞるようにすると，カウンセラーの返信内容がかなり不自然でくどくなる。また相談者は，会ったこともない人にメールだけでそんなに安易にわかったつもりにならないでほしいという思いがある。

　(3) 関わることがよいことと思い，相談者の自立を阻んでしまう──〔勘違い

援助〕

相談者の迷いや苦痛を解消し，楽にしてあげることが本来の相談員の役割ではない。その相談者が人生の岐路や転機，迷いや悩みの中にありながらも，それに押しつぶされたり取り組む勇気がもてずに困難から逃げてしまったりせずに，きちんと自分自身と向き合うことにより，過去の自分を越えて精神的成長を果たすことが相談の目的であり，その過程に側面的に寄り添うことが本来の相談員の役割である。「一生お世話しますよ」ということは「一生自立させませんよ」ということに等しい。

(4) 相談者の根本的な気持ちに鈍感になりやすい――〔自己満足援助〕

小さい頃から "自分でできることは自分でしなさい" と言われて育てられた人は決して少なくはないだろう。

人に援助するのは楽であり，援助されることには苦痛が伴う。人はできれば他者の力を借りずに自分の力で解決したいと願うものである。なるべく上下関係にならずに援助期間も短くすることが望ましい。

カウンセラーはなかなか気づかないが，相談者は自分自身が他人の援助を受けないと生きていけない人間だと勘違いしてしまったり，援助を受けることで恥ずかしい思いをしていたりすることも多い。

また，関係の浅い場合のアドバイスは，同時に「今のままではいけない」「改善を求む」「もっとこうしなさい」という，クライエントの今の状況を否定するメッセージとして伝わりやすいので特に注意が必要となる。ある程度ラポール（カウンセラーとクライエント間の信頼関係）が形成されて初めてアドバイスが有効となる。

4-2　相談援助活動全般のプロセスと考え方：総論

メールカウンセリングに限ったことではないが，相談援助活動全般で大事なプロセスと考え方について，時系列に以下説明する。

1) 出会い「ケース[†1] 発見」
専門家の相談・援助場面にケースが登場する時点。

†1 「ケース」という言葉について。本章で,「ケース」という言葉を使用する場合,問題
となっているその人そのものを指すのでなく,「その人を含め,問題となっている状況
そのもの」を指すこととする。

　たとえば,健診時の声掛け,突然の電話相談,クライエント（およびそのご
家族）から直接依頼があったわけではないが訪問した,前任者から何となく引
き継がれた等である。

　日本は申請主義をとっているため,専門機関の利用の仕方や資源・制度があ
ることを知らなかったり,相談することそのものに抵抗を感じたりするため
「手遅れケース」となってしまうことも多い。地域における潜在的ニーズの把
握とともに,早期のケース発見が望まれる。そして相談契約の際,アカウンタ
ビリティ（説明責任：支援者側の「義務」）およびインフォームドコンセント
（納得できる説明を受けた上での同意：クライエント側の「権利」）を心がける。

2) インテーク

(1) 初回相談

　契約後初めての相談を指す。大まかな「見立て」をたて「方針」を決め,次
につながる具体的援助「介入」をこころみる大切な相談である。

　そして,初回には初回の命がある。この段階では,自他ともに生命を脅かす
危険性があるかどうか,逆に継続して相談することが必要かどうかの判断が最
低限必要である。今後の相談の大まかな流れを形づくるのに大切な面接である。
フローチャートを頭に描くと最初の「別れ道」ともいえる。

　クライエント自身に問題解決の能力がある場合は情報提供のみで相談が終決
する可能性が高く,また,緊急性がある場合は警察の介入や医療の導入により,
初めての相談で終決することも当然ありうる。「短期終決型」の相談になる場
合も多いため初回相談での「見立て」は最も大切である。

(2) 初回相談含め,やりとり2〜3回の時期

　問題を聴き取る,つまり,相談を開始するにあたって,効果効率的な相談・
援助活動を開始するにあたって,いろいろな情報を収集したり整理したりする
時期のことを指す。

　メールカウンセリングの場合であればサービス（クライエントとのやりと

り）の回数設定によって異なるが，カウンセリング（相談支援）全般の基本としては，初回相談を含め相談2〜3回以内にある程度，今クライエント（およびクライエントを取り巻く環境）に何が生じているのか，その内容を把握することが望ましい。また，今後の相談援助活動の全体像をイメージする（青写真をつくる）大事な時期でもある。

　一方的にカウンセラーの知りたい情報を聴くのではなく「本人が自分の現状をどう理解し，今何をどうしたいと思っているのか」ということを把握することも大切である。逆にクライエントが一方的に話し出し，必要な情報が得られない場合は来談者の話を（勇気をもって）一時遮り，「それではここで，すこし整理させていただいてよろしいでしょうか」と伝え，状況把握のために情報を整理したり，カウンセラーが知りたい事柄をお聴きしたりすることが必要である。

3）「見立て」の時期
　インテークで得られた情報から，クライエントのヒストリー（目次の項目でなく小説）を読むことにより，本人の本質的なニーズを捉える時期である。

4）しっかりとした「方針」をたてる時期
　よき「見立て」からよき方針が生まれる。「見立て」により導きだされた本人の本質的なニーズに基づいて援助計画（長期・中期・短期的目標）を策定する。
　方針の段階では，ニーズを満たすもの（たとえばサービス）が存在せず"こんな支援体制や資源があったらいいのに"という結果になってもよい。既存の支援にあてはめようとせず，具体的「援助」について考える段階で，そこから"今できることはこの辺りかな"と現実的・具体的に落とし込めばよい。

5）「援助の時期」
　方針（短期的目標）をブレイクダウンして，具体的な「援助」に落とし込み，実行に移す段階を指す。本人や本人を取り巻く環境の変化を目的として，直接・間接的に関わることが求められる。

（1）直接援助

クライエントが，主体的判断によって自分自身のニーズを満たすことができるよう，クライエントに直接関わる援助のことを指す。

（2）間接援助

クライエントをとりまく支援体制を補強するために，間接的に実施される調整的援助活動を指す。

上記のように，一連の相談援助活動においては，見立てが主の時期・方針をがっちり固める時期・その方針がある程度決まったら，具体的に援助していく時期といったように進めていくのが効果的である。

メリハリのない相談はエネルギーの無駄使いである。たとえば取り込んだ洗濯物を大きな籠に投げ入れるようなもの。籠はすぐにいっぱいになり，どこに何が入っているのかもわからないため，使いたいものをすぐに取り出すのも大変だ。

しかし，きちんとたたんで種類ごとに引き出しに入れると，相当な量入るし，どこに何が入っているのかわかるので，必要なものを容易に取り出すことができる。

また，構造面接を心がけることも重要である。1回1回の面接の中で，「見

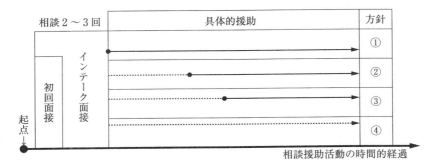

・援助活動の課題で方針が変わることもありうる。
・上記の場合，方針①が短期的目標，方針②と③が「中期的目標」，方針④が「長期的目標」である。目標については次の各論にて後述する。

図 4-1　相談援助活動のイメージ

たて」・「方針の見直しや再確認」・「次回の相談援助場面で何をするか，といった具体的援助」を明確にすることが大切である。

　そして，インテークの段階で大まかな予想／仮説をたて，相談援助活動の全体像・イメージ化を行う。機関やサービスの限界を提示し，契約にそって支援することが大切である。見立てをし，方針をたて，具体的援助の段取りを組み立てることが肝要である。構造化し「見える化（可視化）」することでそのケースから解き放たれ，精神的に楽になれるのだ。

4-3　関わりの初期段階に必要な留意事項：各論

1）出会い

　いきなり問題をもちかけられるため，"なんとかしたい"という気持ちが強い援助者ほどかえって相談を負担に感じたり，苦痛に思ったりしていることが多い。「またか～」という気持ちから勇気ある行動に対するねぎらいの言葉を忘れがちになることもある。「お待ちしておりました。よくいらっしゃいました」という気持ちと言葉を忘れないことが望ましい。

2）クライエントの状況

　下記，①「相談経路」と，②「誰が誰のことについて何を問題とした相談なのか」を把握することで問題解決に向けての見立ての困難度を予想することができる。

（1）相談経路

　どのように相談の場に辿り着いたかも大切だ。たとえば，誰かに勧められてきている場合は，勧めた側がどのような意図をもっていたのかを可能であれば把握したり，推測をしていくことも相談に影響を与える。また，同時にクライエントの課題解決に向けた動機づけの度合いを把握していくことも大切で，クライエントがどのような気持ちで，どのような流れでこの相談に辿り着いたのかをリアルにイメージしてみることが大切である。

（2）誰が，誰のことについて，何を問題とした相談なのか

　クライエント本人が自分のことについて相談した場合であれば，解決の糸口

は見つけやすいだろう。しかし、いつもそうであるとは限らない。以下、クライエント（問題を抱える本人）以外の人が相談場面に登場した場合について整理してみる。

- （a）本人
- （b）家族

　問題解決にばかり焦点を合わせず、家族の気持ちを受けとめることも必要。家族自身の健康が回復すれば本人に対する直接援助は必要なくなることも多い。

- （c）友人・知人

　本人や家族を相談場面に登場させるのが友人や知人の役目。

- （d）近隣住民
- （e）関係機関・警察等

　上記の、（a）はセルフケア、（b）はファミリーケア、（c）、（d）はインフォーマルケア[2]、（e）はフォーマルケアの力が問われる。

[2]　インフォーマルケア」について：
　　友人、職場の上司・同僚、近隣（近所）の知人、地元商店街の馴染みのおじさん・おばさん・地域活動の仲間、学校のＰＴＡ等。ただし、本当に困った時に相談できるかどうか（協力者としてあてになるかどうか）といった"質"も大切である。

　（a）〜（e）へと本人から離れるほど本人が問題解決の意志や能力がないこともあり、支援が難しい。

3）「主訴」について

　主訴とニーズは別物であることが多い。「自殺したいからその方法を教えてほしい」という人に、言葉を鵜呑みにしてその方法を教えるカウンセラーはいないであろう。このように、クライエント（相談に登場した人）の口から出た「こうしてほしい」といった表面上の訴えが「主訴」である。何に困っているのか、何がつらいのかに着目することが必要である。

　そして、その裏に隠れる本音が、本当に相談者が解決を望む「ニーズ」である。初めて会った人になかなか本音を明かさないのはまったく普通なことである。カウンセラーは、見立ての段階でさまざまな情報を収集したり、洞察力を

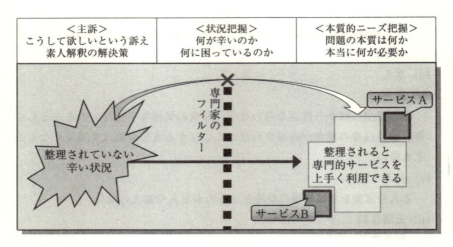

「主訴」と「ニーズ」について：
　相談者の口から出た「こうしてほしい」といった表面上の訴えが「主訴」。その背後に隠れる本音が「ニーズ」である。支援者は，見立ての段階で種々な情報を収集したり，洞察力を駆使したりして問題の「本質」を把握すること（ニーズ把握）が肝要である。当然のことながら，このニーズの把握は，その後の相談援助活動を開始する際に大きな影響を与えるため，相談者の主訴は専門家のフィルターを通して本質的なニーズへと捉え直す必要がある。

図4-2　「対象理解」を通じた「ニーズ把握」

駆使したりしてクライエント本音のニーズは何かを把握することが必要である。その際，本人が普通に社会・日常生活を営む上で何を必要としているのかに着目することが大切である。当然のことながら，このニーズの把握はその後の見立ておよび相談援助活動をイメージ化し開始する際に大きな影響を与える。そのため，クライエントの主訴は専門家の目（フィルター）で捉え直す必要がある。

　なお，主訴をそのまま捉えて援助計画を組み立てると，うまくいかないことが多い。なぜならクライエントの主訴は，あくまでも相談者自身であり，主観的な"主な訴え"である。カウンセラー（専門家）による客観的であり専門的な見立て（状況を専門家のフィルターを通して判断したり捉え直したりすること）が何より大切である。

4) 概要

(1) 経過

クライエントが相談に至るまでの過程を知ることは大切である。これは時系列に箇条書きでまとめるのでもよい。問題の経過や相談・治療歴等はしっかりと押さえておきたい点である。クライエントの勢いによっては、近況のみの聴取となりやすいので、カウンセラーは近況のみではなく、全体を俯瞰してみるような注意が必要である。

(2) 近況（最近困った状況）

次に、より具体的に、最近問題となった困った出来事の状況を捉える。疾病性と事例性、緊急性の判断につながる。疾病性、事例性、緊急性については後述する。

電話でのやりとりや相談場面での会話を（二者関係で）そのまま逐語記録のように記入するのではなく、より客観的に（人に伝えることを念頭に置いて）記入するようこころがけると、伝わりやすく、カウンセラーの頭も整理される。

5)「見立て」について

(1) 見立てとは

クライエントから発せられた情報（「対面であれば表情・しぐさ・言動」、「電話であれば声や間、言葉やトーン」、「メールであれば文字や行間」等）から、本人および本人を取り巻く環境、そして置かれている状況のイメージ化を図り、本人のニーズを専門家のフィルターを通して専門家の目で捉え、問題の本質は何かを見極める（なるべく精度の高い予測をし、仮説をたてる）ことを見立てと呼ぶ。

上記1)～4)で得た情報から「見立て」をたてる。その本人の問題解決にとって、適時かつ適切なサービスを提供できれば、専門家にとっても最短の時間と労力によりクライエントが自立の方向へ向かうことができる。逆に見立てが大きく違えば、なかなか解決の方向に向かわないジレンマが生じたり、クライエント本人が生命の危機に瀕したりする可能性もある。

また、カウンセラー（援助者）が属する機関や立場、役割等によって、見立

(2) 「見立て」の際に必要不可欠な「疾病性と事例性⇒緊急性」の判断
疾病性 (illness) と事例性 (caseness), 緊急性 (emergency)
◇疾病性／医学的判断中心。疾病の状態や重さを問題とする。
・心身の疾患の明らかな兆候（症状）の有無
・病気かどうかの判断により，第一優先に医療につなげるべきかどうか（医療 の介入が必要かどうか）の見立てが立つ。
・細かな医学的専門知識は必要ないが，心身の疾患の中でも代表的なものに

疾病性 (illness) と事例性 (caseness)	緊急性 (emergency)
〔疾病性〕医学的判断中心。疾病の状態を問題とする。 ・病気かどうかの判断により第一優先に医療につなげるべきかどうかの判断につながる。 ・脳の活動性（幻覚・妄想等） 〔事例性〕社会的判断中心。事例の自他への迷惑度・状況の困難度を問題とする。 ・地域（たとえば都市と農村）や文化条件，家族や来談者の耐性等によって異なるなぜ事例化したかに着目。	〔緊急性〕緊急性があるのかないのか・どれくらい急ぐのかは重要な視点。 Ⅰ　余裕にまかせて処理すべき領域 　→自律神経失調症や神経症レベル Ⅱ　テンポよく処理すべき領域 　→外来通院患者の具合が悪くなった Ⅲ　コツコツ計画的に処理すべき領域 　→病気ではないひきこもり・不登校等 Ⅳ　最優先に処理すべき領域 　→措置入院等 ＊ⅡやⅢが見立ての難しい領域 ＊Ⅲは長期的かつ多職種連携が必要 ＊Ⅳは危機介入が必要

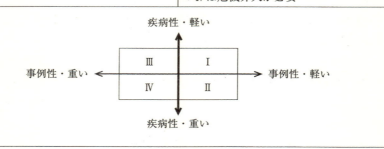

図4-3 「疾病性と事例性 ⇒ 緊急性」の判断

ついて，症状の特徴は知っていたほうがよい（第7章参照）。

◇事例性／社会的判断中心。事例の自他への迷惑度（困難度）を問題とする。地域（たとえば都市と農村）や文化条件，家族や来談者の耐性等によって異なる。"なぜ事例化したか"に着目する。それぞれのケースには問題となる，それなりの経過（ヒストリーとストーリー）がある。

◇緊急性／寄せられた相談に緊急性があるのかないのか，どれくらい急ぐのかは重要な視点。疾病性や事例性から命の危険性等の判断を行う。

（3）「見立て」の際に必要な「バイオ，サイコ，ソーシャル」の視点

バイオ，サイコ，ソーシャルは，相談者をリアルにイメージ化し本質的ニーズを捉えなおす際に必要な切り口となる視点である。この3つの視点は人間を捉える際に基本となる世界基準の視点でもあり，世界保健機関（WHO）の健康の定義にも「健康とはただ単に疾病でないというだけでなく身体的にも精神的にも社会的にも well-being（前向きに良好）な状態をいう」として明示されている。

（4）なぜ「見立て」が大切か

（a）見立てをきちんと振り返ることができることにより，相談の過程のどの段階でつまったのか，どこまでもどればよいのかがわかる（援助が悪かったのか，方針が間違っていたのか，見立て違いなのか）。見立てを振り返ることが，これからの相談をよりよい方向に導いてくれる道標にもなるのだ。

表4-1 「バイオ，サイコ，ソーシャル」の視点

Bio（バイオ：身体的存在としての側面）
　⇒ 医学的視点。細胞レベルの肉体の存在としての側面から捉えた人間。健康診断では，この部分を客観的に数値化できる。
Psycho（サイコ：心理的存在としての側面）
　⇒ 心理学的視点。個人の性格や人生観，価値観が反映する部分。幸せと感じる感じ方等，今その人が置かれている心象風景（心模様）。かなり個人の主観的な側面から捉えた人間。
Social（ソーシャル：社会的存在としての側面）
　⇒ 社会学的視点。社会とのつながりや，組織における自分自身の役割，職場の人間関係といった側面から捉えた人間。

(b) 相談機関であれば，その相談機関のセンスアップにもつながる。また，見立ての経験を積んでいく中で，担当者の人的資源としての自身の能力を高められる。先人が10年かかったことを，スキルアップの向上により5年でできるようになれば，相談者に対してよりよい支援がより早く可能となり，機関としての進化・相談体制の充実を図ることが可能となる。

6）「方針」について
(1) 方針とは

「見立て」によって生まれた問題の本質に対して，クライエントが抱えている状況を解決に向けるための大まかなカウンセリング（相談援助活動）の方向性を指す。

(2) 方針をたてる際の留意点

(a) 1回の相談で完全な方針を立てるのは危険である

あまりにも理想的な的な方針には無理を伴うことも多い。わかる範囲で大まかな方向性を出すことも大切であり，同時に"わかったつもり"にならないことも大切だ。

・長期目標：こうあってほしいという相談者のイメージ。大まかな方向性。

・中期目標：長期的目的達成にダイレクトに影響を与える「インパクト・ゴール*」。

・短期目標：中期的目標を達成するために今必要なこと。

＊インパクト・ゴール：完全な問題解決・目標達成ではないが，今の悪循環している状況が好転する（天秤のつり合いが変わる）効果的な目標（ゴール）のことを指す。疾病性だけが高ければ「医療導入」が中期的目標となるが，事例性を含めた緊急性が高ければ，短期的目標に入ってくる。このインパクト・ゴールを達成するためにできることを模索していくことがまずは大切であり，このインパクト・ゴールが達成できると長期的な目標に対してもモチベーションが高まることが期待される。

（b）方針をそのままの形で来談者に伝えないほうがよいこともある

　医療に抵抗があり，否認（今の自分の状態を認めたくない気持ち）や不安感の強いクライエントに対して「あなた（およびあなたの家族）は病気だから，医療機関を受診したほうがよい」とストレートに伝えてしまうと，ネガティブな反応を引き起こしたり，相談することそのものに強い抵抗感を感じたりして，今後相談機関を上手く活用できない人にしてしまう可能性もある。

　（c）長期的目標⇒中期的目標⇒短期的目標の順に方針をたてるのがコツである

7）「援助」について

（1）援助とは

　カウンセリング（相談援助活動）を方針に沿った形で進めていくために「短期的目標」を具体的にしたもので，とりあえず今何をする（言う，書く，伝える）必要があるのかを具体的かつ明確に示したもの。

（2）援助の際の手順

（a）カウンセラー（専門職）側の義務「アカウンタビリティ：説明責任」

　おおまかな方針を，クライエントがわかりやすい表現で説明・提示することである。

（b）クライエント（サービス利用者）側の権利「インフォームドコンセント」

　カウンセラーから納得がいくまで説明を受け，まずやれることを合意・共有していくことが求められる。

（c）問題の解決に向けて努力

（3）援助の際の注意事項

　専門家にすべてお任せの状態でなく，クライエントに解決に向けての方法論を提示し，選択を委ねたうえで問題解決に向けて共同体制で取り組むことが望ましい。

　メールカウンセリングの場合の「援助」は，相談に対する返信内容そのものである。それは，対面によるカウンセリングよりも優れた部分もある。たとえばクライエントにとっては，カウンセラーからの返信内容を何度も読み返すこ

とによって，クライエント自身が抱えている事象に対する受け止め方（認知）を修正していくことができるといったメリットは大きい。

　やりとりが100％残るからこそその長所・短所を明確にしつつ，長所が生かされる返信を心がけたい。

〔引用文献・参考文献〕

青木省三　2001　初回面接で必要な精神医学的知識　臨床心理学，Vol.1 No.3, 304-309.

土居健郎　1977　方法としての面接　医学書院

コラム4

横浜勉強会での試み

　「メールカウンセリングを学んだけれど経験を積み重ねる場がなかなか見つからない，できれば継続的にメールカウンセリングを勉強していきたい」，そのような思いを持って横浜近辺の在住，在勤の方々が集まり，勉強会は2009年にスタートした。

　メールカウンセリングの実践の場として，カウンセリングの学習で経験するロールプレイをオンライン上で行う。つまりクライエント役がメールで相談を送り，カウンセラー役がその相談にメールで返信する。当たり前の勉強方法と思われるが，実際にメールの送受信でロールプレイを行う機会は少ないのではないか。

　勉強会では1人のクライエント役に対して複数のカウンセラー役が返信し，終了後にクライエント役から感想を送ってもらい，それぞれの返答文を勉強会で検討する。

　検討の場では他のカウンセラーがどのような返事をしたのかを聞くことで，自分の返事とどう違っているのか，そういう捉え方や表現を使うのか，という発見

がある。

　また，クライエントからの感想では，クライエントがカウンセラーの返事をどう受け取ったのかが分かり，自分の返事を客観的に読むことができる。

　そのような学びを持って次回のロールプレイでは，もっとクライエントの心に届く返事を書こうと思うのではないか。

　特に，メールというツールを使ったカウンセリングは，カウンセラーがパソコンなどの画面を前にして見知らぬ相手に返事を書く，という孤独な作業となってしまう。この返事でいいのだろうかという迷いや，また自分一人の世界に入ってしまい勝手なストーリーを作ってしまうのではないかという怖れを常に感じているのではないか。

　ロールプレイはメンバー間で行っていたが，メンバーの知り合い（多くはカウンセリングの勉強をした方）に勉強会であることを了解していただき，クライエントになっていただくことも増えてきた。カウンセラーになったメンバーは，まったく知らないクライエントとのメール上だけでのやりとりに，より真剣さを持ってロールプレイに臨んだ。

　クライエントとしてメール相談を送っていただいた方々には感謝をしつつ，その方たちにとっても何かの気づきがあったことを願っている。

　このようなやり方で勉強会を続け，メンバーのカウンセラーとしての成長を間近に見ながら，ファシリテーター役として気付いたことをいくつか挙げてみたい。

　書き言葉，それも自筆でない決まったフォントで書かれたメールを読むことは，クライエントからの情報も少なく，その話の内容にだけ目が向いてしまいがちになる。カウンセラーは何とか応えようとし，ともすると肩に力を入れすぎ問題解決への方向に進んでしまう。

　勉強会では，返事を書いたカウンセラーに，本当はクライエントに何を伝えたかったのかを口頭で話してもらうと，メールの返信にはなかったカウンセラーのクライエントをより理解しようとする態度が表現されていることがある。筆者から「今話してくれたことをメールで書いたらどうだったのでしょう」と問うと，「あ，そうですね」と応えが返ってくる。

　対面の場合は，表情や声の調子などで言葉を補ってくれるのだが，メールでは文字だけで伝えられるものには限りがある。だからと言って長い文章を書けばよいという訳でなく，カウンセラーが「○○さんの話を聴いていますよ。一緒に考えていきましょう」という態度をどうクライエントに伝えるかが重要になってく

る。

　対面カウンセリング以上に、クライエントとカウンセラーとの関係性を築くことがその後のメールカウンセリングの方向を決めるポイントになってくる。

　勉強会では、メールのやりとりを2〜3往復を試みているが、1往復で終わらず続けてこのカウンセラーにメールを書こうと思うのは、そのカウンセラーの返信にどのような特徴が見られるのか検討してきた。

　カウンセラーの返事には、クライエントへのいたわりであったり、クライエントの頑張っている面を支持したり、寄り添う姿勢を言葉で表現し、両者の関係性を築いている。

　時々、そのような寄り添いだけでいいのかという疑問も聞かれるが、メールカウンセリングの初回の返事にはこのような態度が必須ではないかと思う。

　そして、勉強会では会を重ねるごとにその寄り添う姿勢がどのメンバーの返信に見られるようになり、少なくともクライエントはどの返信を読んでも自分の話を聴こうとしているのだなと感じているのではないか。

　メールカウンセリングではクライエントの返事を促すために、カウンセラーは返信の最後に「お返事をお待ちしています」と言葉を添える。ではクライエントがまたメールを書きたくなるにはどういうきっかけの文章が望ましいのか。クライエントが返信を書きやすくなるように、具体的に応えやすい質問をカウンセラーは考え出す。

　その質問は誰のためになるのか、そしてその質問に応えてもらうことでこのカウンセリングをどう進めたいのか、常にその検討をしている。

　自分と他のメンバーの返事を読むことで、改めて自分のメールの文章はクライエントに届いたのかを検証する、メンバー間で支え合いながら。これが勉強会でのオンラインロールプレイの効果ではないかと思う。そして、クライエントが次の返信で自らの言葉で気付きを語ってくれたとき、そのロールプレイのやりがいを感じ、メンバーそれぞれがカウンセリング経験を積み重ねていくのではと思っている。

（横浜メールカウンセリング研究会　林　洋子）

第5章 メールカウンセリングの学び方とその事例

5-1 学びの基本

1) はじめに：筆者の紹介

　心理およびキャリア相談を受ける環境をまずはお伝えする。筆者の相談現場は多岐にわたる。以前は公的な女性向け相談，精神科クリニック，民間の相談室，EAP，大学の就職相談室等で面談経験を重ねてきた。現在は主に組織で働く人に特化している。某省庁，某民間企業，某研究所で，筆者の立場は人事総務，厚生部門，産業保健等である。相談内容はさまざまでありつつも，基本は相談者の訴えを十分に理解し，相談のゴールを一緒に見いだす。

　このように相談をお受けする環境はさまざまで，その中に対面，電話，メールのカウンセリングの手法を使う。筆者の相談全体の中にはメールカウンセリングが自然に含まれている。カウンセラー関係者に筆者がメールでのカウンセリングを実施していることを伝えると，「メールは怖いし苦手，なぜなら文面が残るし非言語が見えないので躊躇する」と述べる方は少なくない。

　逆にいうと文面が残るからこそ，その面を活かせばよい。対面相談では誤解されたとしても，録音している訳ではないので，どうにも誤解を払拭できない。表情や声等の非言語がわからなくても，文面のレイアウト，空間，漢字の含有率，文章量，理解の程度，返信の反応時間，返信の間隔など，文面そのもの以外からの非言語情報から読み取れる面も多々あるのである。

　一般に外から見るのと，その世界に入らないとわからないことがある。メール相談も同じである。この世界に入って経験を重ねると，対応や解決に向けての糸口は予想以上にある。できれば対面の経験を重ね，対面とメールを平行す

るなど，複数の相談手法の経験があってこそ，メール相談のスキルが向上すると感じている。なぜならやりとりが文面だけでは確認できないことが多々あることを経験から学び取ってほしいと思う。たとえば，文面がとても丁寧な書き方をしている相談者がいらしたとする。電話相談を希望され，実際に相談が始まると，口調や話し方等が文面のイメージとかけ離れていた。その逆もある。電話相談では素直に自らの気持ちを語れるが，メール文面では事実の羅列になってしまう。

　このようにコミュニケーションの手法も多面的に見ると相談者への理解が深まる。そして相談者もカウンセラー側も得手不得手があるからこそ，メールという手段手法も効果的に活用できると感じている。

　携帯メールやLINEも相談手法としては，活用できる場面は十分あると感じている。ただし，本章では，基本のメール相談のやりとりを想定している。

2）相談者の傾向

　メールでの相談を希望なさる側の利点として遠隔地の在住在学在勤の方，勤務時間が早朝や夜間等で一般の対面相談の時間帯に利用できにくい方は，メール相談という環境は選択しやすい。さらに対面や電話という直接，要するにダイレクトに相手が反応してくることに，抵抗感があるようなかかわりを選択したくない方にも，利用しやすいと思われる。

　男女比でいうと対面以外の選択肢として主に女性は電話相談，男性はメール相談の傾向があると感じられる。男女にかかわらず同じ相談者でも心理的に依存したいときは電話，問題解決を簡潔に望むときはメールと別ける方もいらっしゃる。

　相談するということは誰でも抵抗感が生じやすい。自分の存在を開示せずに相談できるメールは，心理的にも物理的にも安全な環境であり，対面と違い当初から安心して相談ごとを書ける。また相談内容を書き出すことで現状の自分の気持ちや期待等が自ら理解でき，カウンセラーという相手に頼らず自ら相談の準備をはじめる主体性が高まる構造である。そして内省やメタ認知が働く人は，メール相談が効果的である。

　また不安や緊張が慢性化したり習慣化したりしている人は，対面よりもメー

ル相談を使いやすいが，解決までの道のりは長いことが多いと感じられる。合理的に考えると対面相談のほうが効果的とは思うが，相談者の心理的な状態を考えると道のりは長くても安全な手段を選んでいる。そしてある程度の時期になるとメールより対面相談を希望なさる。そういう意味では，メール相談という手法は安全の確保ができる一面があるといえる。

3）対応の留意点：傾向と対策

　カウンセラーは「何とかしてあげたい」「お役に立ちたい」「力になりたい」という気持ちは当然として持っている。その気持ちは初心者のほうが強い。だからこそ勉強が意味を持つのだ。経験を重ねると「そんなに簡単に何とかならない」ということがわかり，よい意味で力が抜けていく。

　本来「何とかしてあげたい」と思っても，「どういう人で」「どういう状況で」という情報収集が必要である。そこを詳しく関わらないで「何とかしてあげたい」と初心者のカウンセラーは「自分が質問したいこと」を質問してしまう。

　相手に負担にならないように，相手が「よくぞ聴いてくれた」「その質問に応えることで考えが深まった」となる質問を工夫したいものである。そこがカウンセラーの熟練スキルといえる。対面相談の訓練でもなぜか，共感をしつつ適切な質問することができないカウンセラーは少なくはない。しかし「思い込みの質問」や「慣れた質問」はできている。

　思い込みの質問とは，相手が人間関係に悩んでいるというのにキャリア相談の場だとすると，「ライフプラン」が重要なので，まずはライフプランを聞かせてくださいというようなものだ。そんな的をはずれた質問はありえないと思われるかもしれないが，カウンセラー側が今興味があることや，置かれた立場を目の前のクライエントに当てはめてしまうのである。

　対面相談でも，このようなやりとりで，相談とは離れている質問をカウンセラーがして，相談者が困惑している表情をカウンセラーは気づくことができない。相談者も「そういう面から考えることも必要だと」信じて，受け入れてしまう。観察者がいても，そのことに気づかない。経験がないということ，思い込みが強いということは，目のまえに起きている非言語情報をすら収集できな

いことである。目に見えない情報は，もっと思い込みが強くなる可能性が生まれる傾向を自覚したい。

　対面の相談でもこのようなことが十分起こりうる。メールでのカウンセラーの武器は瞬時に対応しなくてもよい時間的なメリットがあることだ。思考が妄想迷走するかもしれないが，適切な質問を工夫できる時間があることを大切に活用したい。

4）カウンセラーのやり甲斐と負担

　ネットで買い物をした後に不備や不具合が生じ，ユーザーサポートに相談する状況が生じたとする。その時に利用者が不備不具合の状況を説明する際に，メールが便利な場合と電話で詳細を説明したい時がある。利用者もサポート側も直接質問しないと理解がすすまない場合は，電話で直接やりとりをしたほうが早く解決することもあるが，ただ利用者が感情的な苦情を交えて訴える時はサポート側の苦痛が高まる。メールの苦情相談は解決に時間がかかるが，感情的な苦痛は軽減されやすい。ただし，口頭で説明する以上に誤解のないように事実関係とともに文章を丁寧に書くという物理的な負担がある。どちらがカウンセラー側に負担になりにくいか。いろいろ経験した後に自ら選べばよい。カウンセリングという場面では，聴くことだけではなく，伝えることのスキルを上げる必要性を特にメール相談では，痛感するだろう。

5-2　学び方：対応のヒント

1）相談内容が初回でひとまとまりになっていること

　→　何を相談したいのかがわりやすいため，その後の対応しやすい。

　そもそも人に相談したいときに，聴いてもらいたい気持ちはありつつも，いったい自分は何を相談したいのか自覚している相談と，相談の目的やゴールがわからないけど，不平不満がとまらない相談がある。どちらをとってもメール相談はその違いが文面にあらわれているので見立てがたてやすい。そして相談そのものの経験をつみかさねていない場合でも前者は相談内容が明確なため，対応しやすい。相談内容の理解を重ねつつ学び続ければ，後者の対応もできる

ようになる。

後者の相談はカウンセラーとのやりとりで、相談目標や相談ゴールが明確になっていく。ただしカウンセラーとの相性や力量によっては、相談者側の期待に応えられない、価値を生み出せない、やりとりがちくはぐになる等の可能性もあるが、文面に残っているので見立てや対応のまちがいに気づきやすい。

2) 見立てがしやすい

　→　文面と書き方で相談者の傾向が理解しやすい。

そのため、主訴、相談者のニーズ、中長期の支援目標、支援計画をたてやすい。初回の文面から数回で終結する場合と数年かかる可能性等の見立てはできるように意識してほしい。見立てをたてられないと支援援助の計画がたてられず場当たり的になる。経験が少ないカウンセラーにとっては不安が高まるが、まずは「○○のことがあるため、当面は△△の方針で対応してみよう」と決めてから、関わり始める。途中でうまく対応できなくなったら、初回の文面を読み自らの見立てを再度確認してみるという繰り返しの経験で見立て力が高まるだろう。その詳細は第8章で述べる。

　→　リファーしやすい。

文面を読んでも何を相談したいかピンとこない、返事を書こうという気持ちが生まれてこない、入力が止まる、書かなければと義務的な気分になる。そのような状態では返事の文章は書けないだろう。無理してカウンセラー側が文章を書くと、ぶつ切れな文面で一貫性がない。それを下書きをしている最中に気づくかどうかである。「これでは相談者である読み手も疑問ばかりが浮かんでくるだろう」と。そんな時は対面相談時のリファーよりも心理的に負担なくリファーしやすい。

初心者の方々はリファーが負担になっている様子を感じる。「見捨ててはいけない」と思い込んでいる。自分の実力以上の相談をすることは相手に不誠実であるし、何よりも相談そのものものがうまくいかない。相談者自らの迷いや悩みにつながることを自覚してほしい。

　→　感情転移等が起こりにくい。

ある電話相談では、私の声が苦手だったのか嫌な何かを思い出したのか、こ

表5-1　相談のこころがまえ：「人間観」・「倫理観」

○ 無心に関わる

× 何とかしたい気持ちが強いが方法論ばかりを考えてはいない

× 無意識に相手を断定している（年齢・性別・職業等）

○ 相手を肯定できる，相手を肯定できる点を探せている

× 上から目線，見下し，あわれむ，同情する

× たんたんとしてあたたかみがない，心理的な距離感がいつも一定

○ 認める

× 安易に褒める（がんばったんですねと不用意に伝える）

○ ねぎらう

× スルーする（ねぎらう点があるのに，そこに焦点をあてない）

○ 相手を理解する姿勢

○ 必要に応じて相手の自己発見につながる質問をする

× 相手を思い込みでとらえる癖（男性だから，この年齢だから）

× 相手を思い込みでとらえていることに気づかない

○ 疑問が生まれたら素直に聴いてみる。そのタイミングをとらえる

× このようなことは質問してはいけないと思い込む

× 自分が興味のあることを聞く

× 自分の得意な領域に持ち込む

○ 伝えたいことが，文脈として自然にながれている

× 自然ななながれがないため，何を言わんとしているか不明

× 質問の意図がわかりにくい

○ 質問が適切

× 閉じた質問が多い，意図不明な質問

× 質問した返事に関わろうとしないでスルーする

○「質問に応えていたえだき，・・は・・というお考えをお持ちの方ということが理解できました。すると・・は・・のことが想像できますが，いかがですか」と展開できる

○ 守秘についての説明

○ セキュリティについての自覚

○ 対応できない時のリファー

ちらからの挨拶が期待外れだったのか，直後にいきなり無言が続き，「ちょっと違う」とその後の相談は続かない。対面相談ではおきるような転移・逆転移には，メールカウンセリングではおきにくい。

5-3　相談のこころがまえ

　いろいろなことに気づき，学び，頭でっかちになるかもしれない。ここで確認である。そもそも，相談過程を知的に学ばなくても，優れた営業担当のように，経験から「傾聴」スキルが身につく人もいる。「売ろう」としている人と「不思議と買いつづけてもらっている」人の差を想像すれば容易に想像できるだろう。「人間観」や「倫理観」として表5-1のように考えてみてはいかがか。
　どんな仕事も同じである。自分の利益のためだけに何かを売れば一次的に利益はあがったとしても，返品やクレーム，場合によってはリコールにつながる可能性はあるだろう。

5-4　学び方：事例で考える

1)　日常のメールの延長で考える　①
　日常の仕事のメールのやりとりを意識してほしい。相手から何らかのメールがきた時に，自分の返事が相手に充分伝わっているか。相手の要望を理解し，期待以下のメールになっていないか。何度もやりとりをしないと伝わらないようなメールの書き方をしていないかを自覚しているかである。私生活のメールのように「やりとり」そのものを楽しむ場合あるので，相手の期待等への注意が必要である。

♣ 事例1

A ：「おひさしぶりです。久しぶりに情報交換しませんか？」というメールがきた。
B1：おひさしぶりですね。えぇぜひやりましょう。

B2：こんにちは，おひさしぶりですね。ぜひおめにかかりたいとちょう
　　ど思っていました。○月○日や△月△日いかがですか？

B3：お久しぶりですね。ぜひおめにかかりたいとちょうど思っていました。
　　○月○日や△月△日いかがですか？　今評判の店が・・にあるので，よ
　　かったら行きませんか？　またはどこか知っているところがあれば，お
　　知らせください。

〔解説〕：挨拶・文章の長さ・書き方

　B1 は挨拶も同じ，文章の長さも同じで，違和感なく自然なやりとりである。

　B2 は弾んだ感じですすめていて，心理的につながり感があり，より現実的
になる。

　B3 では，乗り気と勢いが伝わってくる。Aさんにとっては，「ちょっと連絡
したのに本気になっている」と敬遠する場合もある。「具体的にすすめてくれ
てありがたいと感じる」という人もいる。

　メールは対面や電話相談とちがい，非言語情報がないため相手の期待が想像
できない。もちろん対面で嫌なことがあっても顔色をまったくかえない人もい
るからわからないこともある。メール相談であれば相手のことがわからないの
で，まずは B1 あたりのイメージですすめていくことが安全と思う。

2) 日常のメールの延長で考える ②

適度な人間関係がある方から次のメールが届いた。さてどう返すか。

♣ 事例 2

X：……相談したいことがあるので，おめにかかりたいのです。ご多忙の
　　ことと承知をしておりますが，どうぞよろしくお願いします。

Y：……相談したいことがあるので，おめにかかりたいのです。ご多忙の
　　こと承知をしておりますが，できれば今週中または来週中でお願いでき
　　ませんか？　昼休みまたは退社後でも○○さんの会社の付近でもお伺い
　　しますので，ご指定いただけたらと思います。相談は多分 1 時間半ぐら

いなるかもしれませんが，まずは話を聴いていただき，助言をお願いできたらと思います。どうぞよろしくお願いします。

〔解説〕

　この文章はどんな印象を感じるだろうか？　ＸとＹは切迫感，積極性，行動力に違いがある。どうやって見立てるか。

　ＸはＹの内容を想定はしつつ，相手の出方を待ち，あえて短文で終わらせているかもしれないと読むか。

　Ｙはいつもはここまでの文面を書くタイプではない。相当何かあったかと読み解くか。そして緊急性・社会性・心身の健康度合い等をどのように見立てるか。大切なことは「相手の心理を当てる」ことではない。「△△と見立て」て，筋道を立て考える訓練を続けることで，いろいろな相談者の対応ができるようになる。

3) 断定しない

　メール相談では，相手が何を期待しているのかを察する能力を磨く。ただしどんなに勘が働くようになったとしても，予想外が起きることが普通と考える。よって，やりとりでは「断定した書き方」はしない。

　Ａ：「文面からは私は△△」と感じたので，「□□」と説明したく思います。
　Ｂ：「文面から◇◇」と判断できますので，「□□」のように早く対処すべきです。

　対面相談でも同じであるが，基本は相談者がより自分らしい生き方ができるための心理的支援である。カウンセラーは選択や判断ができうる情報提供をする立場である。メールのやりとりは対面よりもやや神経を使う必要があるが，基本姿勢は同じである。

　仮説や推論をした読みの対応でも，白紙として選択する余地を残して置く。

　例）：「△△」という状況でしょうか。それとも「□□」という状況でしょうか。またはそれ以外ことが起きているのでしょうか？

　カウンセラー側の理解が及ばないことも想定した対応をする。なぜか初心者のカウンセラーは「主訴を正しく返すべき」と思っている。「間違ったらいけ

ない」と思い込み，心理的に制約され広がりを持つ対応につながらないため，発想も乏しくなる。関わる姿勢としては，臨機応変，柔軟性を持つ。対面よりもメールのほうが相談者自身をコントロールしやすい環境にあり，それをうまく活用する。

4) メール相談の突然の打ち切り

メールカウンセラーの苦悩は，相手からいつ返事がくるか心配でたまらない。「すぐに返事がくれば安心」できるが，こない場合は気になってしょうがない。なぜなら相談者の状況はまったくわからない。

よって，カウンセラーのメンタルヘルスを悪化させないためにも，「相談は１回往復で完結するかもしれない」という前提でメールを書く。要するに返事がこないことも前提である。返事がこなくても相談者が何らか得るものがあるように書けばいいということである。カウンセラー側の達成感や満足感のために相談があるわけでない。

よって，「お返事お待ちしてます」と期待したり，「今回のご相談ありがとうございます。引き続きどうぞよろしくお願いします」と関係を継続しようという努力を続ける表現は誤解をうむことがあることも覚えておきたい。

「△△にてお返事をお書きしました」という自然な関わり方でかつ，終わり方をめざしたい。

5) メール相談における傾聴

メール相談ではここが一番難しい。対面であれば非言語の表情態度を感じ取り相談者には「理解してもらっている」と感じられる。それをメールでどのように書くか。相談者と同じ文面を繰り返すコピペでは，芸がなさすぎ機械的になり，人間味がない。A.I 搭載の感情型ロボットのほうが気がきく対応ができる現実がある。カウンセラーが苦労したり工夫したりことなしに，相談者のこころは軽くならない。相談者としてこのスキルを高める意識がほしい。

筆者のやりかたの例を挙げると，「書かれていることは・・に近い感覚ですか」「それとも・・のことが困っているのでしょうか」「そもそも・・の背景があるのでしょうか」「本来は□□したいという思いもあったりするのでしょう

第5章 メールカウンセリングの学び方とその事例　103

か」など，4〜5例を伝え相談者の訴えたいと思われることに近い内容を伝え
返す。よって文章は長くなるが，相談者がその中から自分の気持ちや考えのヒ
ントを得られることを目的としている。その目的も相手に伝え，了解を得てい
る。

♣ 事例3：TV 等で相談番組の対応から考える

TV 相談者：友達がいないんです。
対応者：もうすこし詳しく聞かせてほしい。
TV 相談者：数年前からずっと友達がいないんです。
対応者：数年前までは友達がいたけど，今現在はいない，そういうことで
　　　　すか。

〔解説〕
　メールも同じで短文だけでは切り口が見つからない。ただメールでは，もう
すこし装飾をして，相手から情報を引き出すためのモチベーションも同時に高
める文面を工夫したい。
　TV 相談者：「友達がいないんです」
　メール相談者：「友達がいない」というご相談ですね。もうすこし詳しくお
　　　　　　　　伺いしたく思いますが，よろしいでしょうか。
　「もうすこし」と言われても困る場合いは，「友達」というのはどの程度の仲
のことを想定していますか？など，と初回は返してよい。その返信文に対して
相談者がどんなことを言ってくるか，それにより次の対応を決める。

♣ 事例4

　仕事の成果をだしたく，残業休日出勤も抵抗なく仕事を続けてきました。
もちろん不満はありつつも，いつかはこの状態から解放されるとおもって
いました。しかしある時，朝起きられなくなり，それからは会社に行く，
仕事をするという気持ちが全くなくなってしまいました。しばらくすると，

会社に行かなくていいと言う楽な気持ちもありつつ，今後の生活の不安が強く，不安で不安で買い物にも出たくなくなりました。

　こんな状態はよくないとおもいつつも，一人ぐらしの自分では，はげましてくる人もいないので，もんもんとしていて，やっとメールで相談するところまできました。よろしくお願いします。

♣ 返事例 A

　メールまことにありがとうございます。お仕事がんばって夢中でやりとげようとしていたのですね。大変お疲れさまでした。本当に大変でしたね。

　会社に行く気持ちがなくなったのは疲労の蓄積と思われますので，しばらくしたら回復すると思いますので，今は何よりも休養が大切です。

　あせらずに回復に専念すれば，いろいろな不安は薄まっていくと思いますので，安心してください。まずはお返事まで。

〔解説〕

　無難な返事例であるが，この文面ではどのような人が相手でも書ける内容である。ていねいではあるが，一般論で終わっている印象である。相手の相談にのる感覚が見えない。

♣ 返事例 B

（前半省略）

　「やっとメールで相談のところまできました」と書かれているところに，いままでずいぶんと辛い苦しい思いをされたことでしょう。

　そしてそこから一歩踏み出して相談しようとする意識と行動力を感じます。力になりたいと思いました。

　よくぞ相談に来てくれました。そして相談に来れるまでの回復に至った

と感じております。ご自分をねぎらってほしいと感じました。

と書いたほうが，相談者の気持ちに近づく文面ではないだろうか。

6) 学び方のまとめ

(1) 挨拶

相談者が悩みの相談をしてきたのに，「メールありがとうございます」という返事のしかたはどうだろうか？　気にせずに使っている人もいるが，「メール拝読しました」のほうが違和感が少ない。

相談者の文面が重篤な悩み相談でありつつも，「こんにちは」と書いてきたら，ちょっと気になりながらも筆者は初回は「こんにちは」と返す。そのひっかかった気持ちは相談者を理解する材料としてこころの中に保存しておく。そしてどこかの文面で触れるかもしれない。そんなふうに活用している。読者の方々はこのあたりは，自分の感覚を頼りに試行錯誤してほしい。

(2) 文章量

相手に伝わるように文章を書くと，ある程度の文章量になってしまう。長文になっても，わかりやすい書き方であれば負担はないが，くどくどと書かれていると，相談者である読み手の心理的な疲労感につながる。

5-5　質問の対応

1) 応えると答えるのちがい

相談者の初回メールで「どうしたらいいのでしょうか」「アドバイスをください」と書いてある場合は，その文言そのものに影響を受けてしまいがちである。一般に「どうしたらいいか」と訴える背景には，

・考えるまでにも至らない，考えていないが訴えたいという気持ちが強い。

・考えたけど方法論が見つからない。

と大きく2つ考えられる。

「どうしたらいいかわからない」と途方のくれるほどショックを受けてしまったそんな感じでしょうか。または「どうしたらいいかわからない」とは言

いつつも，いくつかの方法論は思いつくが，どれも納得がいかない。「そんな感じでしょうか？」と続ける。

　カウンセラーの役割は質問に答えるのではない。情報提供や質問の本意を確かめる質問に応えつつも，相談者自ら答えをだしていくための支援援助であると筆者は考えている。

2）医療に関わる相談

　文面でうつ病等の症状を訴え，「受診したほうがいいかどうか」の質問に応えるのは難しい。「相談者が受診したい気持がありつつも迷っている事例」と「受診には抵抗がある事例」とでは対応が違う。これも初回の文面では判断できない。

　EAPなどでは医療的な介入の必要性を考慮，優先して，相手の気持ちを考慮するよりも，初回でこのような訴えがある場合「通院を促す」という場合もあるようだ。相談を受ける立場にもさまざまな特徴があることが理解できる。

　本人が受診に抵抗感がある場合は，無理に通院を促してもその後の通院加療が続かないだろう。その抵抗感を話題にすることで，次への展開につながる。

　カウンセラーの立場からは，薬の効果等を伝えることはできないが，一般論や薬に対しての心理的な葛藤については，関わることができる。

　「受診についてのお返事です。相談者であるあなたは，受診に迷いがあるのでしょうか？　それとも抵抗感や不安感がありますか？　そのお気持ちやお考えをまずはきかせてください」と伝える。

　周囲から「医者に行け」といわれても，本人が「行きたくない」という以上，本人の意志を尊重したい。相談者の心の中で，「医者に行ったほうがいい自分とそうではない自分」がいる場合もあるだろう。「そのあたりのお気持ちも教えてください」と対応する方法もある。

　「通院先を紹介してほしい」という相談も，医師への期待，医師との相性等未知数が多い。よって通院しやすい曜日時間帯を明記して，近隣の医院の情報を複数伝える。相談者する側としては，お墨付きの優良医師を捜してもらいたい気持ちはわかる。

　そして，何かを選択するときの「判断」のよしあしは，相談者の価値観によ

第5章　メールカウンセリングの学び方とその事例　　*107*

るのである。カウンセラーがその価値観の是非を論じることではなく，その判断に至る思いや考え，判断の後の起きることが想像できたような支援援助をする。

5-6　相談および相談過程の見立て

1)　事例から

> 　大学を卒業し入社1年目の秋から1カ月月ほど体調不良で休んでいます。今後どうしたらいいかわからないため，アドバイスをください。

　これだけの短文ではわからないことだらけで，下記のような質問が浮かぶ。まずは質問を書き出してみる。
①直近の背景
　　入社した会社への満足度
　　雇用形態
　　配属先への不安不満度
②大学生活の満足度
　　大学は希望の大学か？　大学生活の満足度や達成感
　　就活前の適応は良好か否か
　　秋頃に不調ということはその前後に何らかの環境等の変化があったのか
③人間関係
　　家族と同居か単身か
　　家族との関係
　　友人関係
　　異性関係
④心身健康面
⑤パーソナリティ
　　ストレス耐性
　　自己評価の程度

感情のコントロール

⑥社会性や現状認識

現状をどのようにとらえているか

回復の度合いはどうか

仕事への適応への意識や姿勢はどうか

⑦緊急性

今回は緊急性はあまり感じられない

このように質問項目を書きだして，今回の返事では何を質問するか，見立てをたてる必要がある。

2）見立て

短文相談のため，何を相談したいのかわからないので，次のようにいくつか見立てをたてる。

・「休職したものの，回復のメドが立たないために相談を依頼」と見立てる

・「復職を少し意識するようになり，復職に向けたすごし方を相談したい」と見立てる

・「体調はよくなってきたが現職に戻る自信がなく，それ以外の方法が浮かばないため，相談したい」と見立てる。等

3）返事

♠ 検討の余地のある返事 ①

入社して1年で休職している現状で，今後どうしたらいいか」というご相談内容を受け止めました。

現状がわからないのですが，アドバイスを期待されているので，いくつか質問をさせてください。

まずは，今回の休職に至るきっかけはどのようなことだったのでしょうか？

そして，どのように感じているのでしょうか？

今後について，どうしたらいいかということは，心身の回復の判断や復職するタイミング等についてでしょうか？

それとも，この会社でどのように自分が適応していったらいいかというキャリアに関しての相談でしょうか？

こちらにご相談なさる前に，家族・同僚・友人等にも相談なさったのでしょうか？

もしなさっていたら，そのご意見も次のメールで教えていただけたらと思います。

お返事お待ちしております。

〔検討点〕

相談内容について，知的にはもっともな質問と思われる。ただ見立てをたてていないため質問が多く，広範囲な質問になっている。

このように質問が多いと，追求される感覚をいだくかもしれない。結果的に答えられない質問は，相談者の自己評価を下げてしまう懸念がある。

♠ 検討の余地のある返事 ②

メールありがとうございます。

休職に至っているのであれば，心配になるのはもっともです。

早く復職できればいいですね。

通院はされていますか？　なさっているのであれば，治療医に相談するのもいいと思いますし，会社の人事や産業保健スタッフ等でも相談にのってくれると思います。

ご家族や友人に相談することで，何らかヒントが見つかるかもしれません。

回復を願っています。

〔検討点〕

相談者に確認をせずに，「復職」することを前提とした返事である。たまた

ま相談依頼と一致していれば，期待どおりの返事に近いと思われる。「そういう方法があるのか」と相談者に思われるかもしれない。しかし，相談者の期待と外れてしまうこともありうるため，相談者の期待を明確にしてから，返事をするほうがベターと思われる。

♠ 返事

体調不良でお休みなさっている現状があり，今後についてのご相談メールを読みました。

入社直後は環境の変化等もあり緊張が連続し，疲労が蓄積なさったのかもしれませんね。いろいろ気になることや心配不安があると思いますが，ご一緒に今後を考えていきたいと思います。

ただ，現状がよくわからないので，的外れな対応になってしまわないように，以下少し質問をさせてください。

相談内容を想像してみたのですが，

体調不良の回復過程や回復方法についてのご相談でしょうか？

または復職のタイミングや手続き等に関することでしょうか？

体調が回復した後の休みあけの仕事や適応，人間関係のご相談でしょうか？

それともこのような内容ではなく，別なご相談でしょうか？　または，この内容すべてに対してのご相談でしょうか？

ご負担にならないようにと迷いつつも，質問という形のお返事になってしまいました。

どうぞよろしくお願いします。

〔解説〕

1往復のやりとりで終わってしまうかもしれない状況を想定しての返事である。

簡単に応えることも答えることもできない相談内容であるため，今後のやりとりが続くための入り口のメールを意識している。

5-7 見立てがたてられないとき

　メールを読んで共感できない，理解できない場合は，見立てがたてられない。知的な疑問ばかりが浮かんでしまう時は今の力量での対応の限界であるため，リファーする。

　相談内容がなんとなくわかる感じがしつつ，確認のため質問をするという姿勢が理想と考えている。相談の文章を読んでも相談の回答に至る過程がぴんとこないわからない場合は，この対応は無理である。

　たとえば，PCの不調があったため，ユーザーサポートセンターに問い合わせをしたときに，こちらが困っている状態をサポートセンターの人の知識やスキル不足が原因で理解してもらえないことや改善策を得られない場合もあるだろう。そのような場合には，スキルや知識の身についているスタッフに代わっていただくことも必要であろうし，また，そのサポートセンターでどうしても解決がかなわなかった場合には，他のサポート機関に問い合わせをせざるを得ない場合も起こりうる。同様のことはメールカウンセリングの現場でも十分に起こりうる可能性があるので，見立てが立てられない，対応がかなわない場合には，自身の力量を見極めて，他の機関へつなぐことを考えることもとても大切なスキルのひとつである。

コラム5

オンライン相談機関の運営

　メンタルケアやうつ病に関する報道などが以前と比べだいぶ増えてきた。また一定以上の人数の職場ではストレスチェックが義務化され，メンタルケアの重要性が認識され始めている。一方で，従業員向けの匿名 EAP サービスの利用率は1% と言われている。カウンセリングも対面が基本だが，気軽に匿名で場所に縛られず相談できるサービスを提供したいと考え，ボトルボイスというオンラインのカウンセリング／コーチングサービスを現在運営中である。

なぜオンラインか？

1. 心理的ハードル

　まず第1に，特にカウンセリングは相談していることを誰にも知られたくないという心理が働く。相談に入るところも見られたくないし，場合によっては名前も住所も知られたくないと思う。なので，匿名で相談ができて，相談していることも誰にも知られない，相談方法によっては顔も出さなくてよい，オンライン通話形式のサービスを展開している。

　また，相談者症状によっては初対面の人に家から出て相談すること自体が，かなりハードルが高いこととなる。予約の時間通りに相談者が来なかったり，直前のキャンセルなどはカウンセラーの方は多く経験していると思う。当事者ももちろん辛い状況にあると思うが，相談者の家族も道の途中で「やっぱり行かない」と言われてしまうので，カウンセリングに時間通りに行くように付き添ったりすることは負担が大きい。

2. 場所

　相談者が住んでいる場所によっては，近くにカウンセラーがいない状況も考えられる。また，経済のグローバル化に伴い海外赴任者も多くなってきた。日本と異なる文化圏に行ったときの仕事や生活にかかるストレスは相当なものである。そのような中，海外からでも母国の言語で母国のカウンセラーに相談できるのはオンラインでの利点といえる。海外の方が，現地時間にあわせて予約ができるように，予約時間を現地時間にあわせる機能も搭載している。

なぜ電話時間課金ではなく予約時間制か？

電話相談では1分や10分単位での自動課金のサービスが多く存在する。この場合相談者によっては，話相手になってくれることが依存となってしまう危険をはらんでいる。電話占いのサービスなど人によっては4時間でも5時間でも話してしまう方も存在する。弊社サービスでは決められた時間の中で，カウンセラー，コーチともにゴールを決めて，1回1回のセッションに臨んでいる。

自分にあったカウンセラー，コーチをどのように選ぶか？

カウンセラー，コーチともに求められる資質として，相談者にこの人のいうことは信じられる。この人には相談できるという信頼関係をつくることが求められる。コーチは別として，カウンセリングの口コミは生まれにくい。理由は，相談者自身がカウンセリングを受けて，回復したしても，それを公にしたくないと考えているからである。

それでは，相談者は，知人の口コミ以外にどのような方法でカウンセラーやコーチを選ぶのだろうか。当然のことながらボトルボイスでは，対面と同じくカウンセラーの経歴や，所有資格，得意な相談分野などを掲載しているが，加えて，大手ポータルサイトのQ＆Aサービスで専門家として主にメンタルヘルスや家庭，仕事の悩みに回答をしている。Q＆Aサービスでの回答をみて，カウンセラーやコーチがどのように相談者が抱える問題にアプローチするのかを判断できる。

また，カウンセラーやコーチがこころに関するコラムも執筆しており，ボトルボイスのサイトだけでなく，多くのサイトに転載されている。まだまだカンセリングやコーチングの世間一般の認知は低く「話をするだけでお金を取られる」と思われている。コーチやカウンセラーが持つ専門的な知識や解釈の一部を広く知ってもらうことで専門家としての役割を認識してもらえればと考えている。

カウンセリングとコーチング

ボトルボイスではカウンセラーとコーチ両者が登録している。両分野を扱うことに異論があることは承知しているが，相談者自体の状態および相談したいことが，多様なため，扱うトピック（仕事や恋愛，家庭など）に応じて多様な相談の選択肢を用意している。カウンセリングとコーチングは，扱う領域と目的が異なる。カウンセリングは，こころのマイナスの状態を元の状態に近づけるものである。対して，コーチングは，こころの状態を今よりよい状態に持っていくもので

ある。カウンセリングは，現状の問題，不安・恐れ・悩みなどを解消することを目的としている。悩みなどを抱える前の状態と現在の悩みを抱えた状態のギャップを埋める手伝いをカウンセラーはする。こころの中の想いを吐き出してもらい，マイナスの思考のループから他者の視点をいれて多面的に物事が捉えられるようにする。

　コーチングは，なりたい自分と現在の状態のギャップを埋める手伝いをコーチがすることである。相談者の本当にやりたいことを引き出し目標を明確化し，障害となるこころのブレーキを取り除き，目的に至るまでの過程を明らかにする。

　マイナスの状態から立ち直った相談者が次の人生の目標を達成することをコーチが手伝ったり，人生の目標を達成する中で，障害にあいマイナスの状態に陥った相談者をカウンセラーが手伝ったりする。人生の中で，コーチやカウンセラーが必要な局面は変わってくるし，それは地続きの連続した時間の中で起こることなので，両者をサービスとして用意しているのである。登録されている方の中にも，カウンセラー，コーチ両方の資格を持っている人も増えてきている。

カウンセラー，コーチにとっての利点

　対面でカウンセリングルームなどを運営されている方にとっては予約が入っていない空き時間を弊社サービスで入れていただくことができるし，一旦家庭に入られた主婦の方などもお持ちの資格を活かしながら，空き時間に自宅でカウンセリング業務を行うこともできるのである。また逆に海外に居住されている方も日本人向けにサービスを展開することが可能である。

これからのオンラインサービス改善点

　現在はクレジットカードの決済だが，日本は現金社会なのでまだまだクレジットカードを利用している人は少ないといえる。またデジタルに関するリテラシーにも相談者によって大きく開きがある。なかなか単体のサービス自体では解決が難しい問題ですが，技術は日々大きく進歩しておりますので，最新のテクノロジーをキャッチアップして取り入れていきたいと考えている。

　　　　　　（オンラインカウンセリング／コーチングサービス

　　　　　　　　　　　　　　　　ボトルボイス代表　村田光司）

第6章 メールカウンセリングのスキルアップ

　すでに述べられているように，メールカウンセリングと一口にいっても，その構造，相談の受け方，対象，カウンセラーの専門性等のさまざまな要因により，その内容や質は千差万別である。

　当然のことながら，書き方や応対のポイントは構造や専門性によって異なるが，ここではJOCAでのメールカウンセリングの定義に沿い，その実現のために必要であろうと考えられることを中心に述べる。また，筆者のメールカウンセリングについての考えは，15年にわたる産業領域での臨床活動およびそこでの経験に基づいている。本章におけるメールカウンセリングの書き方については，これらを背景として進める。

　またメールカウンセリングも，用いるツールがショートメッセージのやりとりで成り立つチャットのようなものでお互いがオンタイムでそのやりとりをしている前提のものもあれば，いわゆるメールのやりとりのように，メールソフトやフリーメールなどを使って，送信者と受信者が相互にオンタイムで内容を確認する前提のないやりとりも存在する。ここでは後者を想定して記述する。

6-1　メールカウンセリングとは

　「援助を必要とするクライエントに対して，専門的訓練を受けたカウンセラーが，電子メールを媒介とした非対面の相談活動により，理解や問題解決を行うために，心理的支援及び情報的支援などを行うプロセスである。（JOCA 1997）」［武藤・渋谷，2006］。

　上記は，日本オンラインカウンセリング協会における，オンラインカウンセ

リングの定義である。問題の理解や問題解決を行うことを目的として，メールという文章を媒介として，心理的支援および情緒的支援などを行う。ここまで読んで，読者の多くには疑問や懸念があるのではないだろうか。

すでに前章までで指摘されていることだろうが，言うまでもなくメールカウンセリングとは書き言葉，文字および文字を構成する記号を媒介としたカウンセリングである。手書きの書簡などはここには含めず，デジタルであることを前提とする。もちろん，デジタルとはいっても書式やフォントの選び方によって多少印象の違いは出せるが，メールを送るにあたり，内容や相手によってフォントをたびたび変えるようなことを現実的に行っている人はほとんどいないだろう。少なくとも，筆者の15年にわたる産業臨床の現場では，相談を受ける側，送る側ともにおいて出会ったことがない。つまり，行間や文字と文字の間，文字の書き方はさほど多様性がなく，いわゆる雰囲気や間のような「今，ここ」の感じは伝わりにくいといえる。

6-2　メールカウンセリングの特徴

メールカウンセリングの特徴を対面の相談と比較してみると，表6-1のような点が挙げられるだろう。

カウンセリングとは，従来，相談する側と相談を受ける側が直接会い，対面し会話することによって成されるという前提のもとで，多くの理論と実践がなされてきた。無論，言葉を媒介とした支援であることに違いはないが，その場の雰囲気，肯定的・受容的態度など，言葉を発する側のありようにも重きが置かれている。

一般に，メールカウンセリングは，対面のカウンセリングと比べてそうしたノンバーバルな対応が伝わりにくい，というマイナス点を懸念されることが多いと思われる。それは事実である一方，緊張が高く人に対面そのものが難しい人や，遠方でカウンセリングに来たくとも来られない人，仕事の時間の都合でなかなか日中に時間が取れない人など，対面の相談で対応できないケースに対しては，メールという手法はカウンセリングや相談支援に広く可能性を開くものでありうる。

表6-1　メールカウンセリングと対面カウンセリングとの比較

メールカウンセリング	対面カウンセリング
・物理的距離が大きい ・匿名性が高い（構造に依る） ・言語情報が多い ・即時対応が難しい（手段に依る） ・返信に一定の時間をかけられる（構造に依る） ・読み返すことができる ・最終的に送る内容を変更することができる ・第三者が読むことができる ・書きながら考えをまとめ，それを視覚的に眺められる	・物理的距離が小さい ・匿名性が低い ・非言語情報が多い ・即時対応が可能 ・その場で対応する必要がある ・基本的に「今，ここ」のみ ・やりとりはその場にいた人の記憶（記録）の中 ・一定の時間内で相手とやりとりして考えをまとめられる

　支援のツールとして活用する以上，極力できることを広げておくこと，手法は何にせよ，クライエントにとってより最適な支援に近づけるために工夫できることはするべきである。対面相談との比較などをとおして得意不得意を知っておき，不得意な中で補う工夫をすることも，クライエントへの利益のためには重要であろう。この観点から，まずメールの読解を考える。

6-3　読解力のスキルアップのために

1)　理解や認識には個人の知見が繁栄される

　メールカウンセリングでは，メールに書かれていることが情報のすべてである。そう思いがちである。しかし，「Eメールを読み，理解するために常に心に留めていなくてはならないのは，受信，つまり再生は私たちの概念上の培地に育つので，メールをしてきた人が望んだものそのままの再現ではないということである。Eメールは他の書かれた文章同様，非常に投影作用があるものである。だからこそ述べられている内容の間違った解釈が起こりうるし，その先の相談家庭にとって障害ともなり得るのである」［クナッツ＆ドディエ，

2007] ということを覚えておく必要がある。つまり，自分の持つ知識，経験，社会的立場や性別等によって対象となる事象への理解，認識は影響を受けるものであり，カウンセラーであっても，その影響を受けた観点で目の前の相談，メール内容を理解し，認識しているということである。これはどちらが正しいとか間違っているとかいった話ではなく，常に物事の理解には個人による差異が生じるということである。まず，この前提をふまえて，相談にあたる必要がある。

　この観点に立てば，メールに限らず，相手の言いたいこと，言っていることを正確に把握するというのは非常に困難であることが分かる。メールを送った相手の考えをできるだけ正しく理解するということは，相手の理解や認識の枠組みを知らなければできない。

2) 複数の可能性を推測する

　相手の理解や認識の枠組みや傾向を知ろうとするには，「このように書いてあるということは，こういう可能性があるのかもしれない」「こうであるなら，このような展開がありうるのでは」と，まず書かれた内容を根拠とし，書かれていないことを仮の内容として補足しながらさまざまな推測をすること，またその確認をするというプロセスが必要になる。このような思考や情報整理がアセスメントといえるかもしれない。アセスメントに関しては第4章を参照されたい。本章では詳細を割愛するが，1つに絞り込まねばならないと思い込まず，さまざまな可能性を想像すること，その中から，ある程度の根拠をもっていくつかの可能性の高い推測に焦点を当てるという柔軟な考え方を持つことを推奨したい。

　これは対面であっても対人支援なら共通することであると思うが，メールカウンセリングでは特に，すでに述べたように対面カウンセリングと比較して匿名性が高く，即時性が低く，やりとりできる情報が言語的なものに大きく限定される特徴があるために，推測を即時確認し修正したり，1回のセッションの中で絞り込んだりすることが難しいからである。少ない情報から断定的にアセスメントすることは極めて危険である。クライエントからしてみれば，まだ語っていないにもかかわらず，推測を交えて断定されるということは，まった

く見当はずれの内容であれば「知りもしないで何を言うのか」という不信や不安につながるであろう。仮に当たっていたとしても「説明しなくてもわかってくれる」という不適切に過度な期待を持たせてしまうことになりかねないし、「何も説明していないのに，なぜこの人は私についてここまで言い切るのか」と不安や不信の種になる可能性もある。

　たとえば，「眠れない」という1文が相談のメールに含まれていたとする。眠れないということから，どんなことを想像するだろうか。まず，眠れなさはどんなものなのか。入眠が困難なのか，早朝覚醒があるのか。寝てはいるが悪夢を見て疲れてしまうのか。また，頻度はどうか。平日は眠れないけど休日は眠れるなどの違いはあるか。酒を飲めば眠れるけど飲まない時に眠れないのか。どの程度眠れないのか。普段6時間寝ているのが5時間半になったのか，2時間になったのか。眠れないことをどう感じているのか。さほど問題に思っていないのか，それによって生活に支障は出ているのか。寝ようと努力をしているにもかかわらず眠れないのか，その努力はどんなものか，ゲームや読書をしていると目がさえてしまって眠れないということなのか。書かれたメールの中にこうしたことに関する情報が含まれていないか，よく読み，関連しそうなことから推測をし，確認する。こうした作業の繰り返しと積み重ねで，問題や困りごとを同定していくプロセスは細かく骨の折れることである。

　少ない情報からぴたりと問題を当てる職人技のようなものに憧れる向きもあると思うが，技に憧れるのは自己愛を満たしたいからではないかと自問することも必要ではないかと考える。私たちカウンセラーが行うべきことは，常に目の前のクライエントに対する最善の支援であり，自分はその一資源であることを忘れてはならない。

6-4　メールカウンセリングの返信：構成の立て方

　メールカウンセリングの返信は，構成や一度に送れる分量によって異なるし，書ける文章量もおのずと異なる。しかし，一般にカウンセリングや相談を受けるにあたり，セッションの中身はもちろん個別性があるものの，カウンセラー側が行うことを時系列でまとめていくと，下記のようにまとめられるのではな

いだろうか。

1) 挨拶，自己紹介（初回の場合），相談枠組みの共有
2) 関係構築，傾聴，受容，共感，ねぎらい
3) 事実確認や不明点確認などの質問
4) 相談内容の要約，カウンセラーの考えの提示，提案など
5) 本セッションの終了および今後の展開に関する協議，同意

　メールやオンラインのカウンセリングでもカウンセリングである以上，まったく同じではないにせよ，やはり同様のプロセスを追っていくことになろう。こうした内容を，即時性が低いことによるデメリットを回避する手立てをとること，かつ面談であればノンバーバルな表現で補っている内容を言語化すること，これらに留意しながら返信を書くことになるだろう。

　初めてメールカウンセリングに挑戦するという諸氏は，自分のカウンセリングプロセスを言語的に説明することに慣れていない方も少なくないと思うが，どのような意味をもって言葉や態度を発しているかを振り返る機会になると思う。このことだけでも大いに意味のあることであろう。

　以下，上記1) から5) に沿って，注意点やポイントなどを記載する。

1) 挨拶，自己紹介（初回の場合），相談枠組みの共有

　カウンセリング機関の規定などによってはカウンセラーが名乗らない場合もあるが，ここでは本名であれハンドルネームであれ，名乗ることを想定する。

挨拶，自己紹介

　まず，名前と役割（カウンセラーであること）を明確にして，自己紹介をしたほうがよいだろう。そのほか，場合によっては，資格や専門領域などを説明することもあるかもしれない。少なくとも自分の送ったメールを読み，返信を書いてくれているのが誰なのかは明記したほうがよいだろう。

　また，クライエントの名前が明記される場合，されない場合，ハンドルネーム等の匿名性を担保した呼び名で相談の受付が可能な場合など，クライエントの呼び名に関してもさまざまなケースが考えられるが，何にせよ呼び名がある場合は，相手の名前を返信の中で用いないのは不自然である。呼び名を使うことで誰に向かって語りかけているのか，誰の相談を聞いているのかを示したほ

第6章　メールカウンセリングのスキルアップ　*121*

表6-2　表現の例 ①

・初めまして，○○カウンセリングルームの△△と申します。
・こんにちは，初めまして。私は△△と申します。スクールカウンセリングを
　専門に10年ご相談を受けてまいりました。
・このたびは当相談室のメールカウンセリングを利用くださいまして，ありが
　とうございます。
・このメールカウンセリングでは，いただいた情報を＊＊様のご了承なしに第
　三者にお伝えすることはありませんので，ご安心ください。ただし，直ちに
　命に関わることが予想される場合は例外となります。この点はご了承くださ
　い。

うがよいだろう。

相談枠組みの共有

　メールカウンセリングの提供に関しては，回数や目的，利用の仕方などに制
限のある場合もある。相談回数でいえば，1回の相談では3往復までが限度と
なっている場合，何週間以内に何往復まで，という決まりなどである。また，
目的や専門性が限定されているメール相談もあるだろう。また，クライエント
がカウンセラーを選べるか否かなども機関によって異なる。そうした相談の枠
組みについては，クライエントが理解の上で利用しているはずだが，最初に確
認したうえで相談に入ることが多いと思われる。

　個人情報の取り扱いについては，相談の枠組み同様，ウェブサイトやPRす
るパンフレット等に記載している機関が多くなっている。こちらも事前に確認
して利用開始となっているはずであるが，特にカウンセリングや悩み相談とい
う，他者に話しにくいことを語ることが多いと考えられる場での個人情報の取
り扱いは，説明しすぎることはない。安心して利用いただけるよう相談を担当
するカウンセラーから最初に説明することが大切であろう。

2) 関係構築，傾聴，受容，共感，ねぎらい

　対面や電話などの相談でまずカウンセラーが心がけるのは，クライエントと
の関係構築のために，話を丁寧に聴くことだろう。そのためには，ただ音声や
内容，事実確認として聞くだけではなく，心情を汲む努力をしながら聴くこと

が重要である。この傾聴と呼ばれる聴き方にはさまざまな理論があるが，アイビイ（Ivey, A.）のマイクロカウンセリングであれば「かかわり行動」「基本的傾聴の連鎖」と呼ばれる部分にあたると説明できよう。また，関係構築において重要なことは，傾聴の技術はカウンセラーにとって「聴く」ためのものであると同時に，行動という他者に視覚的・聴覚的に認識できる形をとるということによって，クライエントに対してカウンセラーが「聴いていることを伝える」手段になっているともいえる点である。

　対面や電話などの視覚的，聴覚的情報が活用できる相談形態では，うなずく動作や表情といったノンバーバルな情報や，抑揚や声質などのパラ言語情報が関係構築において重要な意味を持つといえる。そのためカウンセラーは，自分自身のさまざまな特徴（性別，年齢，容姿，話し方の傾向，服装，よくする身振り手振りの癖などさまざま）が他者からどう見えやすいか，見える可能性があるかを考慮することで，与えうる影響のプラス面を広げるべく意識的にそれらを活用したり，マイナス面を最小限にするよう工夫したりすることができる。

　しかしながら，メールカウンセリングでは，当然のことながらこれらの要素は非常に見えにくい。したがって，まずは対面や電話等で活用できるノンバーバルな情報やパラ言語な情報をいかに言語で代替するか，言語で表現しなおすか，の工夫が求められるといえよう。それはクライエントの話＝メールに書かれている内容を，理解しようとしている，聴いている，注意を向けている，ということを伝えることでもあり，それによって関係構築に努めるというプロセスになるからである。

　では，何を言語化するか。1つには，クライエントが感じていることへの共感や共感的理解の表現や，クライエントの努力や何かを変えたいとか困難から抜け出したいという思い，工夫などへのねぎらいなどを伝えることだろう。そのためには，感情や情動の表現には幅があったほうがよい。喜怒哀楽それぞれを表現する言葉や，身体的感覚をともなった感情の描写の仕方など多様な表現がある。自分が使いやすい表現は何か，またクライエントによって，相手のメール内容を見ながら，どの言葉がより相手にとって受け入れやすいかなどをアセスメントして活用することが望ましいだろう。

　こうしたことは，メールカウンセリングのもう1つの特徴，即時性の低さと

も関連する。即時反応がない場合，当然ながら事実確認や状況把握には相手の返信を待たねばならず，時間がかかる。したがって，場合によっては相手の状態・考えなどについてカウンセラーが「もし，こうだとしたら」と予測・推測してクライエントの返答を待たずにアセスメントを進める必要が出てくる。また，クライエントの希望・要望と異なる支援の方法や情報を伝える場合や，クライエントの安全のためなどで希望と異なる内容を強く勧めることも，ケースによってはあるだろう。しかしながらこのような関わり方は，クライエントにとっては侵入的な体験になる危険性もはらんでいる。そうした危険性と，即時性が低く場合によっては回数の限られている中でいかに問題把握や改善の支援を進めるかを両立させねばならない，という構造がメールカウンセリングにはあるといえる。だからこそ，メール全体を通じて，「安心感」「受容的態度」が伝わるように努め，関係構築をはかる必要がある。メールに書かれる文字，言葉すべてでクライエントとの関係構築を行っているという認識で，傾聴や共感を示す努力をすることが求められる。

　また，初めて相談してこられた方に対しては，相談という行為に対するねぎらいがあってもよいかもしれない。一般にまだカウンセリングや相談に関するハードルは高い場合もあり，また自分の悩んでいること，迷っていることなどを専門家とはいえ知らない他人に打ち明けることへの勇気や躊躇いはそれなりにあるはずである。逡巡があったにせよ，相談しようと思ったのはさまざまな事情があることであろうが，何にせよ，今の困りごとの状態がよい状態になりたい，相談することで何かを得たい，といった目的あっての行動と考えられる。その気持ちや考えを受け止めたということは伝えたいところである。

表 6-3　表現の例 ②

・あなたは今，とても深い悲しみを抱えているのですね。
・文面から，○○さんの歯がゆさや，やり場のない憤りを感じました。
・相談をすることは思い切りの必要なことだったのではないでしょうか。しかし同時に，なんとか現状を打開したいという考えあってのことだったのだろうとも思っています。

---

3) 事実確認の質問

質問は，クライエントの言及していることや困っていること，さらにはクライエントが言及していないけれども支援に必要な情報を，カウンセラーが的確に理解するために，そしてそこから支援の方向性や手段を考えるために行うものといえる。つまり，こちらが「十分理解していない」あるいは「わからないけれどこうではないかと思っている」といった状態であることを前提とする関わりとなる。質問の内容，目的に応じて，相手への影響を考え，言葉を選んだり，追加したりする必要があるといえる。

2) の関係構築に関する部分でも述べたとおり，メールカウンセリングの一特徴である即時性の低さから，ニーズ，状態，問題，解決方法のアセスメントに時間がかかる場合がある。メールカウンセリングは，カウンセラーが返信するまでの時間に期限があることは多いが，クライエントの返信期限はないことが多い。カウンセラーが質問したことに答えなければならないという義務がクライエントに課されているわけでもない。したがって，場合によっては，クライエントの状態，考え，問題，希望などについて，クライエントの説明に先立って，カウンセラーが先に予測をつけ，その確認を質問することでアセスメントを進める必要もある。ただし，クライエントがまだ語っていないことをカウンセラーから推測を交えて伝えられることは，前述のとおり侵入的な体験となる可能性もある。だからこそ，質問という踏み込むコミュニケーションにおいては特に，またメール全体を通じて「あたたかみ・やさしさ・支援したいというカウンセラーの態度」が伝わるように努める必要があるといえる。

質問は，情報収集や確認の手段として認識されがちであるが，それ自体がコミュニケーションの一部であることも忘れてはならない。

質問の目的：確認するための質問

クライエントの伝えようとしていること，クライエントの問題や状況，希望などに関する理解，仮説や推測，たてたアセスメントが合っているか，あるいは異なっているかを確認するには，クライエントに質問するプロセスを経る必要がある。

メールカウンセリングにおける質問では，下記の点に注意が必要であろう。

質問の意図，理由の表明

質問を行うのは，何かを確認したいからであるが，何のための確認かといえ
ば，目的の1つは，複数の可能性からより精度の高い推測を絞り込むことで，
支援の方策をも絞り込み，クライエントに提供するためであろう。つまり，ク
ライエントに対して提供できる情報や支援のためにこの質問が重要であるとい
うことを理解したうえで行うこと，さらには，その意図についてクライエント
に説明できることが大切であるといえる。

質問が侵襲的体験となる可能性があるということは，心理状態によっては攻
撃や非難と受け取られることもありうる。また，単なる個人的な興味関心では
ないかと思われたり，個人情報を必要以上に探られ持ち出されるという懸念を
持ったりすれば，やはり情報の提供には慎重にならざるを得ないだろう。その
ように感じられる文面に対しては，人は一般に防衛的な態度をとることが容易
に予想され，コミュニケーションのプロセスの中でその懸念が払拭されなけれ
ば，結果としてカウンセリングにおけるクライエントとカウンセラーとの関係
構築や適切な支援のための情報収集に困難をきたしてしまう恐れにもつながる。

どのような意図，目的に基づいて質問しているのかを表明することは，自分
が伝える情報がどのように活用されるかを予測し，こうした不安を軽減するた
めに必要で重要なプロセスであるといえる

質問の目的：支援したいという意思の表明

質問の意図としてまず重要なのは，全体のあたたかみにも通ずるが，「あな
たに対して何らかの支援をしたいと思っている」という姿勢や態度ではないだ
ろうか。受け取ったメールからある程度の推測を立て，その確認をするための
質物をすることは，「あなたの状況，状態，起こった出来事などの事実や，考
えや出来事への認識や要望，起きている問題を知り，それを踏まえたうえで，
短期的，あるいは中長期的に最適な支援を考えたい」ということであるといえ
るだろう。「最適な支援のために質問をさせてもらいたい」ということが，大
きな意味での質問の意図の説明といえよう。

質問の目的：回答によって提供可能になる支援の見通し

大きな意味では，「最適な支援を考えるため」であるが，そのために精査し
たい情報は上述のとおりさまざまである。支援の手法もさまざまであり，カウ
ンセラーがどのような支援を選択すべきかについては，クライエントによって

決まるべきだろう。受けられる支援の目途やクライエントにとって必要であろうと考えられること，現時点でクライエントが受けられる現実的な支援を考えること，クライエントの希望に極力沿った支援であること，難しい場合の代替案を考えること，など，支援をしたいと思うにあたっても検討すべきことはさまざまある。

こうしたことに関して，メールに記載された内容から推測しアセスメントの仮説を立て，その絞り込みのために行われる質問も多いはずである。そのような質問をする際には，質問の意図を説明する際，この質問に答えてもらうことで何を伝えられるか，という見通しを提示することも重要といえる。それはクライエントにとってはある種のメリットの提示でもあり，クライエントにとってほしい情報に近いと感じられれば，質問に答えたいという気持ちは当然高まるといえる。

なお，当然，相談を担当するカウンセラーがその時点で対応可能な支援は限られていることがある。カウンセラーの専門性や活動経歴，保有する資格，相談の構造などによっても提供できる支援は異なってくる。また，自分ではなく別の機関などでより適切な支援を受けることができると場合もあるだろう。その場合には，クライエントにとってより適した支援を提供できる先を提供すべきである。

ニーズ，要望に関する質問

カウンセリングの目的は，ありていに言えば「今の困りごとが改善すること」といえようが，そのあり方は実に人それぞれ，文字通りケースバイケースである。たとえば子どもの不登校に関する親の相談があったとして，その問題に対してどうなるとよいと思っているかを共有することは，支援の方向性を決めるには重要である。たとえばカウンセラーが「こちらのほうが有効そうだ」とアセスメントした方策が，クライエントには何らかの理由で受け入れ難く感じられ，提案を受け入れられない場合もある。こういう時，「こっちのほうがいい策なのに」と思った体験のある方はいるのではないだろうか。

さまざまな対策の中から，最善，最短（急がば回れの場合も含めて）の対策を考えて提案するカウンセラーがほとんどだと思うが，どんなに理想的に良い策であっても，クライエントが実際にその対策を行うことができなければ，支

援の実行にはやや欠けたものになってしまう。クライエントが望む方向は何か，その要望や背景にある理由，感情，体験，考えなどを聞いて，できるだけ受け入れやすい対策の選択や，受け入れやすいように説明を追加するなどの支援の工夫があるとよい。回数に制限があったり，場合によっては相談が中断してしまいフォローアップができなかったりするメールカウンセリングにおいては，気を付けたい点でもある。

答えない選択の担保

　質問が侵襲的に受け取られないようなカウンセラー側の努力は最大限する必要はあるが，それらを最終的にどう受け取るかはクライエント個人に任せられる。また，どのような意図かを明確にしてもなお，答えたくないと感じる質問，あるいはそう考えざるを得ない状況や状態に置かれていることもあるだろう。

　こちらは目的をもって質問するわけだが，安心感の醸成のためには答えたくなければ答えなくてよいという最終的な決定を担保することも重要である。その場合には当然，提供できる情報や支援の可能性が少なくなったり，具体的支援を行うことができなかったりすることが起こりうる。それをクライエントが考え主体的に選択することが重要であると同時に，それを支持し支援することもまた，カウンセラーとして重要な役割であるといえる。

質問や推測によっておこる可能性と，侵襲的な質問となる場合の対処

　踏み込む質問をせざるを得ないとき，カウンセラーは不安になるのではないだろうか。この質問によってクライエントの気分を害さないか，傷つけることはないか。こちらの意図が正しく伝わっているか。最大限工夫をしても，文字でしか伝えられないというメールカウンセリングの特徴から，行き違いが起こる可能性は念頭に置いておく必要はあろう。また即時性の低さから，クライエントが傷ついたり不快な体験をしたりすることになっても，それに対する対処はどうしても対面カウンセリングよりは遅くなってしまう。ましてやその事実は，クライエントからの返信で記されない限りわからない。

　一方からのメールを最後に，合意を得られないまま終わってしまう可能性もあるメールカウンセリングでは，クライエントに対して侵襲的となりうる質問をする場合には，先にその可能性を考えていることや懸念，万一気分を害した場合には申し訳なく思うことなどを伝えておくことも1つの方法であろう。聞

128

表6-4　表現の例 ③

- こちらが適切に○○さんの相談内容を理解できているかを確認させていただきたく，以下の点について質問してもよろしいでしょうか。
- 教えていただいた内容を読むと，もしかすると，眠れないということもあるのではないでしょうか。もしそうでしたら，・・・という対応が必要，かつ有効になると思いましたので，質問いたしました。
- 推測を交えた質問で，的外れでしたら申し訳ありません。○○さんの相談内容の改善に必要な点とも思いましたのでお聞きした次第です。
- もし可能でしたら，上記質問についてお知らせください。もちろん，お答えしにくいようでしたら無理にお答え頂かなくても問題ありません。

く必要があると判断した質問によってそうした可能性が懸念されるときは，先んじてこのようなメッセージを添えておくことで，クライエントへの配慮，気づかいを示すなど，クライエントの侵襲的体験を回避し，負担の軽減につながりうる対応を検討してもよいだろう。

4) 相談内容の要約，カウンセラーの考え提示，提案など

相談内容の要約

　何のためにこのやりとりをしているのか，という目的，相談の意図などは共有してから解決や改善のための具体的支援を検討すべきだろう。最初のメールや相談初期に，相談の意図や今回の相談で何をしたいと考えているかなどについてクライエントとカウンセラーの間で確認，共有しておく必要がある。

　それには，クライエントの書くメールのどこか一部の言葉だけでなく，全体を通して理解しフィードバックするプロセスがあるとよい。クライエントが書いたメール内容をカウンセラーなりに整理して提示するということになるだろう。こうした，ある程度の長さや広範囲にわたる内容を総合的にまとめて伝え返す要約技法を活用することで，要点を理解し問題を明確化し，お互いに共有しあうことで目標を定める支援となる。

　相談内容はこういうことだ，という理解は，冒頭で伝えたように，カウンセラー側の理解である。その理解がクライエントの伝えたいことと合致しているかどうかを確認する。ある意味ではこれも質問の1つともいえるかもしれない。

第6章　メールカウンセリングのスキルアップ　*129*

表6-5　表現の例 ④

・ご相談のメールを拝見して，▲▲さんの今回の希望は〜〜ということだと理
　解しました。この理解で間違っていませんでしょうか？
・○○さんが今回おっしゃっているのは，①に〜〜，そして二つ目に〜〜，も
　う一つ〜〜という三点の問題があって，それに対してそれぞれが相互に関連
　していて優先順位をつけることに困難がある，ということなのですね。

　要約技法はマイクロカウンセリングの技法であるが，著者アイビイは「来談
者がほんとうによく聴いてもらえた，と思うときにのみ有効」としている。
メールカウンセリングでも，ある程度の長さ，あるいはたくさんの情報がある
場合に，特に活用できる技術だといえるだろう。当然のことながら，2）で記
載したような傾聴や共感を言語化して聴いてもらったと感じられるようなプロ
セスを経たうえで行ったほうがよい。

提案や情報提供

　質問などを含めて状況理解をすすめ，クライエントと問題や困っていること，
心情などを共有したうえで，クライエントの抱える問題の改善に関する情報の
提供や，対策の提案を行う。

　情報にはさまざまある。活用できる情報資源の提供もあれば，カウンセラー
が持っている知見から，クライエントの抱えている困りごとに関連する情報を
伝えることもある。後者は心理教育として活用されることもあるだろう。

　メールカウンセリングでありうることとしては，クライエントがまだ述べて
いないことについても情報提供を行う可能性があることだろうか。理由は先述
したとおり，回数制限や即時性の低さから推測を含めて対応を行うことがある
点である。付加情報や，クライエントが望むものとは異なる対策を提示する場
合なども挙げられる。その際の注意点はすでに記したので，ここでは割愛する。

　情報提供や提案は，初回のメールでは難しい場合もあるかもしれないし，具
体的な提案や解決策の提示は，要望や相談の目的によっては必ずしも書かれな
い場合もあるだろう。無理に「何かしよう」「提案しなくては」と焦らないこ
とである。丁寧に聴き質問し，クライエントを理解することのほうが重要であ
り，カウンセラーという聴く専門家の重要性はむしろ聴くことにあると考える。

表 6-6　表現の例 ⑤

・また，家庭の経済状況の懸念があるとのことですが，通院が続くと確かに費
　用面も心配と思います。このような場合，精神科では通院医療費が一部免除
　になる制度がございます。
・状況改善の手段の１つとして，職場内調整があげられます。……もし△△さ
　んがこのような形の対応も考えてみたいと思うのであれば，話し方を一緒に
　考えることはできます。いかがでしょうか。
・現在の○○さんの眠りにくさや緊張感は，命の危険を感じるような体験をし
　た後に一般によく起こりうるものです。決して，○○さんがおかしいとか病
　気であるといったことではありません。……

ただしメールカウンセリングでは，聴くことも一方からのメールを以って行わ
なければならないので，どうしてもカウンセラー側から何かを発する必要はあ
り，この中でクライエントの話を中心に扱う部分，カウンセラーの提案を扱う
部分との塩梅を考える必要はあるといえる。

5) 本セッションの終了および今後の展開に関する協議，同意

　メールカウンセリングの終わり方は，その提供される構造により変わってく
る。回数が制限されていない場合と１回の相談につき３回までの場合は，１回
のメールでどこまで情報をやりとりするか，残りの回数でどんなことをするか
も変わってくる。

　次の返信がくることを想定されるやりとりであれば，返信をお待ちしている
という旨を記載した内容になるだろう。また，相談が終了するメールであれば，
終了するにあたってまだ不足している情報を補ったり，問題が改善することを
願う内容を添えたりすることも考えられるだろう。また，終了にあたってアン
ケートを実施している機関なら，アンケートへの回答を依頼する文面を付ける
かもしれない。アンケートなどの付加情報は各機関の運用によるものとしてこ
こでは割愛するが，一般には終了か継続かで文面を考えることが多いものと思
われる。

　継続する場合は，クライエントの相談継続を促す内容，そのために支援した
いと考えている姿勢の提示などが挙げられる。相談継続は，もちろんやみくも

第6章 メールカウンセリングのスキルアップ　　131

表 6-7　表現の例 ⑥

・ぜひ, ○○さんの支援をさせて頂きたいと思っています。
・どのようなことでも結構ですので, 気になったことがありましたら, 是非ご連絡ください。
・今回は▲▲相談室のメールカウンセリングを利用していただき, ありがとうございました。今回, ○○さんが相談したその行動が, 今後の改善になにがしかつながるものと感じております。すこしでもよい方向に向かうことを願っています。

な継続ではなく, 問題改善のために必要なこととして考え, 問題改善の動機づけでもあることが肝要といえる。

　終了する場合は, もちろんシンプルにこれで終了となる旨を伝えるのも1つだろうが, クライエントの今回の相談という行動をねぎらったり, また問題改善に向けた行動であったことなどを再度確認したりといったことも考えてよいだろう。こうしたことは, 今後何かあったときに相談という手段をとりやすくする動機づけとして機能する可能性がある。こうしたエンパワーには, カウンセリングや支援の流派に依って考え方に違いもあるだろうが, 表情や音であたたかみを出し切れないメールカウンセリングの特徴を鑑みて, 筆者はこうしたエンパワメントがあってよいと思う。

6-5　その他：メール技術の活用

1) リンク貼付

　メールカウンセリングはインターネット環境にあることが前提であるが, かつてのようにインターネットは限られた場所のものではなくなった。総務省の2016年6月28日付発表によれば, 携帯電話やPHS, BWAの契約数は1億6,276万となっており, すでに日本の総人口を超えている。多くの人が, 屋外にいながらメールやその他のコミュニケーションツールにアクセスしている環境にいる状況になっている。つまり, いつでもネット接続可能な状態にあるということである。

ネット接続していれば，さまざまなウェブサイトの閲覧が可能なので，情報提供時には紹介したいウェブサイトのURLをコピーしメール本文に貼付することで，クライエントを知らせたい情報にたどり着かせることができる。

　こうしたリンク貼付は，たとえば不眠やうつ状態などの確認をする場合にも役立てることができる。一つひとつ質問をメール本文に書くのも悪くはないが，タイプミスがあるとアセスメントにも影響が出るし，分量が増えれば読み手の負担も増える。読み手の負担を減らし，正確さを担保するにはURL貼付も考えておくとよい。なお，疾病などの情報は，行政機関やそれに準ずる機関などが発表している情報を参考にするのが望ましいだろう。

2) デバイスによる見え方の注意

　前出の総務省発表資料からもわかるように，現在は携帯端末でメールその他の文字コミュニケーションを取ることが急激に増加している。メールカウンセリングはもはやPCのみで行うものではなくなっている。筆者の15年の産業臨床の中でも，メール相談は仕事や自宅のPCを前提としたメールアドレスからのみでなく，携帯端末の操作で送ってこられることが多くなったと認識している。

　PCであれば，デスクトップであれノート型であれ，ある程度のスクリーンの大きさが担保され，ある程度のボリュームのメールも一度に視界に収まりやすい。タブレットでも可能だと思われる。しかし，スマートフォンを含め携帯電話画面では，いかにフォント数を小さくするとしても長文のメールは読みにくいことが想定される。したがって，クライエントがメールを受信する機器によってはカウンセラーが送信した画面の通りには見えていない，あるいは読みにくくなっていることなども想像しておくとよい。

表6-8　表現の例 ⑦

・眠れないということについて，ぜひ詳しくお聞かせください。またもしよければ，下記URLのセルフチェックでご自身の状態を確認してみてはいかがでしょうか。

　　http://www. ＊＊＊＊＊。▲▲▲・co. jp/‥‥

読みにくいものには食指が動きにくいものである。クライエントのメール受信環境までは保証ができないが，メールアドレスなどから利用デバイスの画面を想定して書き方や文章量を考える，あるいは相手に確認するなどのプロセスも，場合によっては必要かもしれない。

3) 改行位置や段落の分け方

メールを書くにあたり，最初から最後まで改行をせずに送ることはほぼないだろう。改行は画面の中で左右に視線を移動させる位置を決めるものである。左右の移動が大きすぎるよりは小さくすんだほうが当然ながら読みやすいが，この位置が行によってまちまちだったり，改行の法則性がなかったりすると，視覚的な安定性が損なわれる可能性がある。改行位置は一定の法則で（一定の文字数まで，単語の途中では切らない，等）行ったほうが読みやすいが，この視覚的な見え方は2）で述べた通りデバイスに依存する。相手側の環境はこちら側で統制はできないが，見やすい工夫はするに越したことはない。

段落の区切りもある程度の法則性があるとよいだろう。こちらもある程度の分量で区切るのは1つの方法である。また，本章で記載した，挨拶や質問といった内容による区切り方も読みやすいだろう。

4) 接続詞の使い方

段落を分けるとき，また，メールを書く中で共感から質問に移る場面など，

表6-7 表現の例 ⑧

・今回は▲▲相談室のメールカウンセリングを利用していただき，ありがとうございました。今回，○○さんが相談したその行動が，今後の改善になにがしかつながるものと感じております。すこしでもよい方向に向かうことを願っています。
・今回は▲▲相談室のメールカウンセリングを利用していただき，ありがとうございました。今回，○○さんが相談したその行動が，今後の改善になにがしかつながるものと感じております。 すこしでもよい方向に向かうことを願っています。

これまでとこの後に続く文章の意味合いが異なってくる場合，接続詞を使って文章を区切ることで，内容の違いを明示することができるだろう。また，前の文章と後ろの文章をどの接続詞でつなぐかによって，カウンセラーがどのような受け止め方をしているかを示すことにもなる。

接続詞には順接と逆説，並列，添加，対比，補足，転換などがある。メールの内容が変わるときには，接続詞を置き，ここから違う内容がはじまると伝えられると，読み手も内容を想定しやすいだろう。

6-6　おわりに

ここではメールカウンセリングの特徴や注意点を踏まえたうえでメールカウンセリングの書き方，特に組み立て方を説明した。細かい言葉の使い方などは省略したが，最初の切り出し方からの展開をイメージすることで，「書く」ことへの負担が減りイメージを持ちやすくなれば幸いである。

また，今回は特にメールカウンセリング初回の返信を念頭に置いた。継続性のある相談であれば，中の展開の仕方は変わってくる可能性も十分ある。それは対面でも電話でも同じことだろう。ただいずれにしても，メールカウンセリングの特徴は現時点では本書に共通した内容であろうと思う。特徴の中のマイナス面を補い，プラス面を生かすために，ぜひまずはご自分でメールカウンセリングの返信を書く練習をしてみていただきたい。

特に，ご自身が日ごろ行っている相談対応の中身を振り返り，なぜ自分がこの言葉を使ったのか，この応答はどういう意図で行ったのかを説明できるようになっておくことも大切だろうと思う。カウンセラーというのは，長くパッシブニュートラルであることが最重要とされてきたと感じるが，ことメールに関しては，その態度すらも言語化し主体的な発信を伴わなくてはならないというある種の矛盾がある。しかしさまざまなサービスのアカウンタビリティが求められる現在では，カウンセラーも例にもれず，自分たちの行動の意図説明やそれにふさわしい言動が伴っているかを自ら振り返り確認することがこれまで以上に強く求められているといえるだろう。自己防衛的な説明ではなくクライエントのために適切な言動を選択ができるよう，さまざまに試行錯誤をしてメー

ルの書き方を工夫していただきたいと思う。

〔引用・参考文献〕
アイビイ, A. E. ／福原真知子・椙山喜代子・國分久子・楡木満生（訳編）1995　マイクロカウンセリング—"学ぶ-使う-教える"技法の統合：その理論と実際—　川島書店
クナッツ, B. & ドディエ, B. ／斎藤友紀雄（監修解説）寺嶋公子（訳）　2007　インターネット・カウンセリング—Eメール相談の理論と実践—　ほんの森出版, p.68.
武藤清栄・渋谷英雄（編著）　2006　メールカウンセリング—その理論・技法の習得と実際—　川島書店
総務省　2016　電気通信サービスの契約数及びシェアに関する四半期データの公表（平成27年度第4四半期（3月末）2016年6月28日

> **コラム6**

オンラインカウンセリングのcotreeの実践から

　オンラインカウンセリングのcotreeでは，メッセージによる無制限の相談（月額10,000円）と，Skypeによる予約制の相談（1回45分4,000円から。カウンセラーによって異なる）の二種類のサービス提供を行っている。サービス内でのメッセージ相談システムに加え，診断テスト機能，認知行動療法等のコンテンツ，ダイアリー機能などを組みあわせて，カウンセラーはカウンセラーにしかできない人間的な関わりに集中しつつ，ITでも代替可能な情報提供や記録などの機能についてはITを活用してより効率的に対処できるよう，オンラインカウンセラーをサポートするシステムを構築している。

　どんな方が利用するのか？
　現在，主に対象としているのは，医療機関にかかるほどではないけれども生き

づらさや心身の不調を抱えている方で，相談内容としては「自分を変えたい」「対人関係の悩み」「抑うつ・不安」が順番に最も多い。

オンラインカウンセリングを利用する方の特徴としては，年代としては 30 代が最も多く，その次に 20 代，40 代の順である。性別では，利用者の 7 割以上が女性である。

利用者の 9 割以上が Google 検索を経由してサイトにたどり着くが，「オンラインカウンセリング」という言葉はまだまだ一般的でないため，そのワード自体で検索されることは少なく，「変わりたい」「人間関係がうまくいかない」などの検索ワードで cotree が作成しているコラムに着地し，診断テストなどを回遊したあと，関心を持って登録してくださる方がほとんどである。

メッセージ相談は，なかなかまとまった時間がとれない方や，話すよりも書いたほうが考えを整理できると感じる方の利用が多いが，Skype 相談の場合は，海外や地方に住んでいて対面のカウンセリングを受けることができない，という方の利用が多い印象である。

一方で，メッセージ相談をきっかけに Skype 相談もしてみたい，という利用者も多いし，逆に Skype 相談をしていて，翌月のセッションまでの間はメッセージで，という方もいるため，二種類のサービスを併用される方も多い。

オンラインカウンセリング機関開設にあたっての注意点

オンライン相談機関の開設自体は難しくなく，ランディングページを 1 枚作成して，メールアドレスを記載しておけば開設自体は可能である。だが，この膨大な情報が溢れるインターネットの海の中でいかに自社のサービスを探してもらえるのか，という点について事前に十分に考える必要がある。オンラインカウンセリングサービスは，一般的な Web サービスと異なり口コミの効果が働きづらいため，非常に地道なマーケティング努力が必要である。cotree は継続的なコンテンツ（コラムなど）作成やメディアへの掲載など，サービスを知ってもらうための利用者との接点を作り続けている。それでも，実際に利用に至る利用者の割合は非常に少ないのが現状である。

また，実際の運用にあっては，「どこまでを対応して，どこからは対応しないのかという線引きが最も重要である。オンラインでできることの限界を明確に意識し，ガイドラインとして作成しておかなければ，利用者の依存を招いたり，利用者をリスクに晒してしまったりする可能性もある。「利用規約」という法律上の線引きの他に，実務上のガイドラインはしっかりと作成しておく必要があろう。

特に，医療機関等にリファーする必要がないのかどうか，自傷・他害のリスクがないかどうかは意識する必要がある。

　これは自明のことでもあるが「オンラインの限界」という点に加えて，「自分自身の能力としてどこまで対応できるのか」を把握し，他の人に相談したほうが利用者のためになるのではないかと迷う場合には，必ず利用者の立場に立って，誠実な判断をしてほしい。

　オンラインカウンセリングにおいては，利用者側の倫理観も低下しやすい一方で，カウンセラー側も匿名で相談を受けるような方もおられるかもしれない。そのような場合にしっかりと倫理観を保ち，利用者の利益が最大化するように行動することが，オンラインで相談を受ける者として何よりも重要なことであるし，それが長期的な利益の最大化にもつながることである。

　多少は認知が上がってきたとはいえ，一般的には，特に利用者側にはまだまだオンラインカウンセリングへの信頼度や利用可能性も低く，これからサービスとしての信頼性を築いていくフェーズにある。ネガティブな情報が拡散されやすい社会の中で，一人一人のオンラインカウンセラーが，オンラインカウンセリング自体のブランディングを担っているのだという自覚を持って取り組んでくださることを期待する。

（株式会社 cotree 代表取締役　櫻本真理）

第7章 メールカウンセリングに必要な精神疾患の
　　　基礎知識と支援

7-1　メールカウンセリングにおける精神疾患の基礎知識の必要性

　そもそも何故, メールカウンセリングに精神疾患の基礎知識が必要なのか。
「こんなに辛い状況で, 私はどうしたらよいでしょうか」「困った相手を何とか
してほしい」「アドバイスがほしい」等といったクライエントが表現した表面
上の主な要望や訴えが「主訴」であり, その背後に隠れる本音が「ニーズ」で
ある。カウンセラーはカウンセリングを開始するにあたって, 初期の段階でさ
まざまな情報を収集したり洞察力を駆使したりして, 問題の「本質」を把握す
ること（ニーズ把握）が何より大切である。

　当然のことながら, このニーズの把握は, その後の相談援助活動を開始する
際に大きな影響を与えるため, 相談者の主訴は専門家の目（フィルター）を通
して本質的なニーズへと捉え直す必要がある。

　精神疾患の基礎知識は, まさにこのフィルターにあたる。医療の助けを必要
としないクライエントも勿論いるが, 必要なクライエントも多く存在する。も
し相談者が医療が必要なレベルにまで精神的健康度が下がっているクライエン
トであった場合, この視点に欠けていると問題解決の糸口がみえずに結果, や
みくもに相談を長引かせることになったり, かえって不安を拡げたりして, ク
ライエントの頭の中を混乱させてしまう可能性もある。

　特にメールカウンセリングの場合, 相手が見えないからこそ医療が必要であ
るかないか, 初期の段階でこのフィルターを通してアセスメントすることは専
門家として最も大事な要素である。

この章では，メンタルヘルス不全者（ストレス等の影響によって精神的に不調となったクライエント）に対する早期発見・早期対応のポイントについて学び，メールを活用した効果的な対応やコツについて考えてみる。

7-2　ライフ（Life：生命・生活・人生）という捉え方

(1) ライフサイクル

ライフサイクルとは，生命の誕生から発展，消滅への過程のことである。人が生まれ，新生児期，乳幼児期，児童期，思春期・青年期，そして中年期，老年期へと人生を辿っていく。その流れの中で，年代による変化を受け，また，年代ごとの新しい発達過程を受けながら，精神的に成熟していくプロセスをいう。

(2) ライフサイクルにおける「危機」

ある人が自分の人生における重要な目標を脅かすような障害に直面し，過去において習得した問題解決の方法によってはそれを乗り越えることができないときに引き起こされる状態。成熟に伴う危機と環境や外界の偶発的事件・事故によって生じる危機とがある。人はその危機を乗り越えることで成長していくが，逆に乗り越えずに回避すればいずれ何度も同じ課題にぶつかることになる。

(3) ライフステージ

ライフステージは表7-1の時期で示される。

表7-1　ライフステージ

0 ～ 1.5歳	乳児期	
1.5 ～ 5 歳	幼児期	
6 ～ 12 歳	児童期	
13 ～ 25 歳	青年期	前期（13 ～ 17 歳）……思春期 後期（18 ～ 25 歳）
26 ～ 65 歳	成人期	前期（20 代後半～ 30 代前半） 中期（30 代半ば～ 50 代半ば）……中年期・壮年期 後期（50 代半ば～ 60 代半ば）
65 歳～	老年期	

7-3 人生の「転機」と「成長」

(1) ライフサイクルにおける課題

長い人生の中では，何事もなく過ごすことはできない。竹の節目のように人は誰しも，今までのやり方では上手く行かないことに遭遇する。それは人生における「転機」であり，過去の自分を越えていく（人生の階段を1段上る）ことによって人は生涯成長していく存在である。

(2) 階段を1段上る手前

自己成長に向けて，階段を1段上がる手前は関心が内面へと向かう一番辛い時期。ひとたびクリアしてしまうと，しばらく精神的な安定期に入る。

(3) 転機に寄り添う支援

階段を1段あがることができるか，それとも転げ落ちてしまうか。人生の転機にあっては，寄り添う人がいるかどうかによって，その人の人生は大きく変わる。

また女性と男性では，転機が訪れる時期や内容が異なるため，男性特有の転機，女性特有の転機について，その転機を越えられない時に生ずる課題等を図にまとめてみた（図7-1，図7-2）。

(4) 精神疾患の好発期（図7-3）

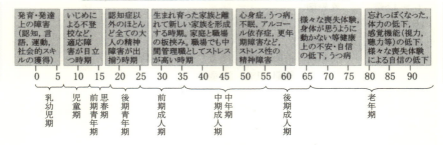

図7-1 ライフサイクルにおける課題（男性編）

第7章 メールカウンセリングに必要な精神疾患の基礎知識と支援　*141*

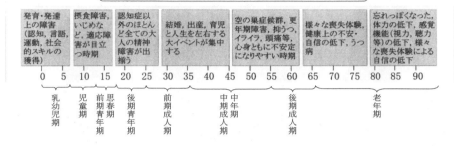

図7-2　ライフサイクルにおける課題（女性編）

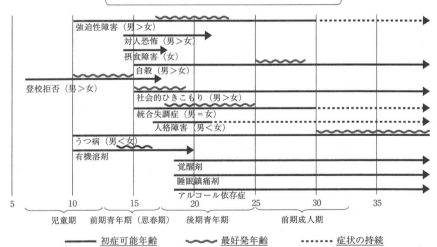

図7-3　精神疾患の好発期
［藤本・藤井, 1995；市場, 1994 を基に改変］

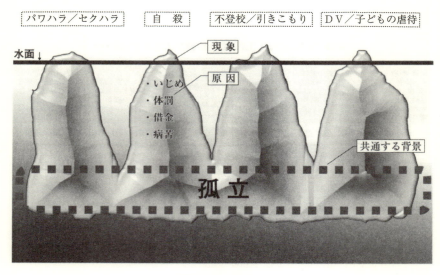

図7-4　問題の背景を探ってみると

(5) わが国におけるメンタルヘルスに関する問題の背景

　日本におけるメンタルヘルス関連のさまざまな問題（氷山の一角）は，国を挙げての取り組みがなされているものもあるが，実情はなかなか目に見えて減少してはいない。

　それには，ある理由が考えられる。日本の人口は，明治初期まで約3,300万人。その後，約70年前の戦争を経て人口が爆発的に増え，現在はおおよそ1億2,700万人。短期間に人口が増加した，他に類を見ない国である。

　図7-4で，水面上の問題は，上空から見ると個々別々の現象のように見える。原因もさまざまだ。しかし，その背景には共通する，ある「背景」がある。つまり，どの現象も閉塞した環境の中で「孤立」した状況下で深刻化し，表面化するのだ。つまり，どの現象も共通する背景「孤立」をなくさないと，収まっていかない現象といえる。

　メールカウンセリングは，その孤立した状況に，コミュニケーションを通じてよい循環を生み出し，その解消にあたっていく効果的な働きといえよう。

第7章　メールカウンセリングに必要な精神疾患の基礎知識と支援　*143*

7-4　精神疾患の基礎知識

1) 発生原因から考えた心の病

さまざまな精神疾患があるが，診断名（病名）というものは，医療関係者による長年の研究や経験の積み重ねにより確立された治療法に基づいている。つまり，診断名がつけば，今の時代の基本的な治療法が確立されているというものである。精神疾患は，アメリカ精神医学会が示す DSM や WHO が示す ICD があるが，ここでは診断的視点ではなく原因から精神疾患を捉えることで，周囲の対応に生かす視点を示したい。

原因別には，従来から「内因」「外因「心因」の３つに大別されてきた。実際はこれら３つに明確に分かれるわけではないが，まずは「外因性」ではないか，続いて「内因性」ではないか，そして最後に「心因性」ではないか，という順番に疑ってみる必要がある。

① 外因性（Bio の影響が強い群）

外側に原因があるというもの。身体的な病気や交通事故や頭部外傷等物理的原因により，脳そのもの（脳細胞レベルの）変化があり，原因が比較的はっきりしているもので，CT（コンピュータ断層撮影）などで脳を調べると，明らかに脳の損傷や外傷，萎縮がわかるもの。

　例）認知症，脳腫瘍，交通事故による脳損傷，薬物による脳の機能障害等

② 内因性（Bio の影響が強い群）

外因でも心因でもなく，原因がはっきりとわからないもの。遺伝病ではないが，何らかの遺伝的素因が影響しているといわれるもの。

　例）統合失調症，そううつ病（気分障害），内因性のうつ病等

③ 心因性（Psycho-Social の影響が強い群）

心理社会（環境）的要因や（ストレス等）精神的ストレスになるような明らかに納得できる原因（出来事）があるもの。

　例）抑うつ神経症（気分変調性障害），パニック障害，心因性のうつ病等

2) 事例にみる心の病

♣ ケース①：山口さんの場合

相談題名：「娘のことについて」／相談者名：山口さん（仮名）

　こんにちは。山口といいます。現在専門学校に通っている娘の相談です。娘（19歳）は，2人姉妹の末っ子で，高校を卒業して福祉の専門学校に入学しました。（あとから聞いた話ですが）入学後半年した頃からクラスの中でちょっとしたいじめにあい，いよいよ馴染めなくなっていったようです。気が弱い娘はそうしたストレスを上手く発散することができず，学校に行ってもうつうつとしていて表情も冴えず，ひとりでいることが多かったようです。そのうち，勉強意欲はまったくみられなくなり，授業中も寝ていることも多くなっていったようです。

　家では，学校がない日はほとんど自分の部屋から出て来ず，閉じこもりがちの生活をしています。一日中部屋にこもっているため，本人の細かな様子はあまり詳しくわからないのが現状です。

　その後，担任の先生から連絡があり，心配になった私は本人とじっくり話をする機会をもちました。すると本人は「勉強はしたいが頭がすっきりしないのでみなと同じようにいかない」「嫌われている気がする」「何かいろいろ言ってくる声のようなものが聞こえる」「混乱し，よく考えられない」等と訴えます。このまま放っておいてはいけないことは薄々感じていますが，どうしたらよいのか想像がつきません。学校を休ませたほうがよいのでしょうか。それとも無理に行かせた方がよいのでしょうか。

　アドバイス，どうぞよろしくお願いいたします。

Ⅰ．統合失調症（Schizophrenia）の特徴

○ 元々の呼称である精神分裂病は「schizo（分離した）＋ phrenia（精神）」からきている。

○ 100〜120人に1人の割合でかかる病気で，どの国でもどの時代でも，男女の性差にも関係なく発病する。

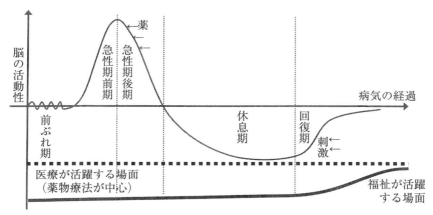

図7-5 統合失調症の経過について

○好発期は20歳前後（思春期から30歳代）。早期発見・早期治療が大切。
○原因は脳内の神経伝達物質（ドーパミン）の過剰分泌。陽性症状は，覚醒剤を打った時に見られる症状とほぼ同じ症状を呈する。
○症状には，「陽性症状」と「陰性症状」があるのが普通である。陽性症状は，幻覚（まぼろしの感覚：感覚とは「五感：視覚・聴覚・嗅覚・味覚・触覚」のこと）や妄想などが見られ，幻覚で一番多いのは「幻聴」。独り言を言ったりする。薬物療法が効果的とされている。また，陰性症状：意欲低下・無為自閉な生活が主。福祉的リハビリが効果的な段階（時期）である。
○発病する前兆の時期の行動として，以下の変化がよく見受けられる。
　自室にこもって昼夜逆転の生活をしている／風呂に入らず着替えもせず，ずっと同じ衣類を着ていることがある／臭いや物音に敏感になった，等
○関わるものの対応として「受容的に関わる」「一度にひとつだけのことを伝える」「症状に振り回されない」「妄想に対しては否定も肯定もしない」。

♣ ケース②：菊池さんの場合

相談題名：「仕事が手につかない」／相談者名：菊池さん（仮名）

こんにちは。菊池と申します。今回初めて相談させていただきます。私は某予備校の職員なのですが，何ごとも手を抜かずに取り組むタイプで，よく真面目すぎると言われます。そんなある日，上司からとても重要なプロジェクトを任されました。しかも期限は半年という短いものでした。5人のチームを編成してプロジェクトをスタートしてみると，あまりに難しく手間を必要とする内容で，メンバーは全員，毎日朝は7時前出社で，夜は12時過ぎ退社の終電で帰る日が続きました。

2カ月が過ぎた頃，メンバーの1人が風邪で3日ほど会社を休みました。上司に相談してみると「進捗管理は，どうなっているんだ？ 期限には間に合うんだろうな」とかえって釘を刺されてしまいました。

プロジェクトがスタートして4カ月が過ぎた頃からは，夜遅く帰宅しても，身体は疲れているはずなのに，なかなか寝つけないようなことが続きました。そして5カ月目に入ると，食欲がなく食事もほとんど食べられなくなってしまいました。また，特に午前中気分が悪く，うつうつとしていて仕事も集中力に欠け，何も手につかなくなってしまいました。

上司は叱咤激励するだけで仕事を手伝ってはくれません。周りの人も，私の様子が おかしいことを薄々感づいているようで，私を見る視線も冷ややかです。このままではプロジェクトも上手くいきません。

私はどうしたらよいのでしょうか。

Ⅱ．うつ病（心因性）の特徴

○うつ病は脳内の神経伝達物質（セロトニンやノルアドレナリン）の減少が原因。何かしようにも気力が出ない状態で，全般的な意欲の低下が主症状。

○性格的な面が作用しない「内因性うつ病」と性格的な面が強く作用する「心因性うつ病」とがあり，心因性のうつ病の場合，なりやすい人のタイプとして「真面目，仕事熱心，几帳面，責任感が強くていい加減にできない，完全主義，周りの人に過度に配慮し気を使う」等の性格傾向がみられる。

○兆候（具合の悪さをどこで判断するのか）

・睡眠と食欲：寝つきが悪く熟睡感がなかったり，中途覚醒・早朝覚醒等を

生じたりする。また，食欲がなく食べられない（食べてもおいしいと感じない）。

○治療について
　　・内因性うつ病：遺伝的素因が強く，薬物療法が効果的とされている。
　　・心因性うつ病：性格的・環境要因，ストレスの影響が大きいもの。気分変
　　　　　　　　　　調性障害ともいう。薬物療法プラスカウンセリングが効果
　　　　　　　　　　的。
○関わる者の対応として「叱咤激励しない」。頑張ろうと思っても頑張れない
　ことに対して一番気にしているのは本人。また，回復期も自殺企図が多いの
　で要注意。
○うつ病の方に対する基本的対応について
　病状が重たい時，周囲の人は本人にどのように接したらよいか迷うのが普通。
しかし実際，声をかけられた本人は「気にかけてもらえている」「心配しても
らえた」ことを嬉しく感じたり有難く思ったりするものである。ただ内心はそ
うでも，身近な関係であればあるほど素直に聞き入れたり笑顔で応じたりでき
ないとこも多い。
　　つい言いたくなるが言ってはいけない言葉
　　・「これからどうするのよ」「いつになったらよくなるの」等，相手が答えら
　　　れないような質問をしたり，「経済的にも困るから」「心配だから」等，こ
　　　ちら（家族として）の不安を強く訴えたりする。
　　・「すぐよくなるさ」「心配いらないよ」「わかるよ，辛いよね」「私も似たよ
　　　うな経験あるから」「無理しないように」等，上から目線の安易な慰めや
　　　同情。
　　・「気合が足りない」「気持ちの問題」「根性！」「しっかりして」「頑張れ！」
　　　自分の枠（経験や価値観）にあてはめての"叱咤激励"。
　　・判断力が低下している相手に「早く決めて！」「あなたはどうしたいの？」
　　　とせまったり，考えがまとまらないでいる相手に「さっさと結論出しな」
　　　と性急に結果を出そうとしたりする。
○声をかける場合の心構えとして（基本は"今を認める対応"）
　こちらの声がけに相手が快く応じられないからといって，「私は信頼されて

いないんだ」などの無力感を感じることはない。また逆に「こんなに心配してあげているのに！」と感情的になってはいけません。さらに心配するあまり，相手の要求に何でも応じることも望ましくない。「あたたかい気持ち」を大前提に，「公平で客観的な目」が大切です。単なる叱咤激励ではなく「よくやったね」「頑張ってるね」「私も頑張るから，一緒に頑張ろうよ」等，突き放さず，本人なりの今の頑張りを認めたうえでの対応が大切。

♣ ケース③：川上さんの場合

相談題名：「部下のことで……」／相談者名：川上さん（仮名）

川上といいます。部下（23歳：男）のことで相談があります。部下は真面目で負けず嫌いの性格で，仕事はできますが気分にムラがあります。入社当初から同期の仲間には「思ったような仕事をさせてもらえない」等，会社に対する不満をたびたび口にしていたようです。

ある時かかってきた電話に出もしないで，だらだら仕事していたので，部下の業務態度を注意したことがきっかけとなり，会社をたびたび休むようになってしまいました。数日後，その部下から「抑うつ状態のため休養を要す」といった内容の診断書と休職願いが郵送されてきました。突然のことでびっくりし，本人に直接電話をして確認したところ，「朝，うつ状態がひどく出社できないんです。主治医からは仕事のストレスが原因と言われましたが，自分もそう思います」という内容でした。

その後，部下はそのまま数カ月の休職となりました。最初はあまりこちらから電話するのも本人の負担になるのでは，と思って連絡しなかったのですが，休職して3カ月経ったので久しぶりに電話で近況を聴いてみると，悪びれもせず「主治医から好きなことをするように言われているので，先週はハワイ旅行に10日間ほど行って趣味のゴルフをしてきました。普段はパチンコに行ったりして過ごしています」と。

部下は本当に何カ月も休職しないといけないほどの病気なのでしょうか。単なるわがままなのではないでしょうか。

Ⅲ．「新型うつ」の特徴

○最近20代〜30代に増え始め人事担当者を悩ませているメンタルヘルス不全。「社内うつ」とも呼ばれ，仕事に関わる時に不調となり，仕事以外の日常生活や趣味などに関わる時は比較的元気なため，従来型のうつに当てはまらない。

○性格は真面目で負けず嫌いなことが多く不調時確かに抑うつ状態は存在するが，従来型のうつの対処のように，投薬と休息のみでは回復に向かいにくく，対応に苦慮するケースがほとんどである。

○発症のきっかけは，ベースに性格の偏りやストレス耐性の低さ（敏感さ）があり，そこにリアリティショック（入職してすぐに，想像していた仕事内容と異なる等）や本人にとって不本意な人事異動，上司から注意を受けた等仕事のストレスが重なり発症する。

○治療については，職場復帰できるところまでの症状の消失（医療の力等を借りて本人がある程度を症状をコントロールできるところまで）を目標にする。本格的な治癒を目標にするかどうかは本人次第。自己洞察の浅さや性格の偏りもかなり影響しているため，長期間の精神療法及び心理療法（カウンセリング）が必要となるが，そもそも自分に非があることを認め，今のままではいけない，自分を変えたい，自分が変わろうと思ったところからがカウンセリングのスタートとなる。

○関わる者の対応として，基本的にはプライドを傷つけないようにしつつ，主治医の指示を尊重する，特別扱いせず人事労務管理の枠組みで対応することが基本。話し合いの結果や本人に伝えたこと等は時系列に記録に残しておく。

○最後に，「従来型のうつ」と「新型うつ」との比較を表7-2にまとめてみた。なお，うつ病の身体症状の出現率上位10位は，更井［1979］より。

♣ ケース④：山下さんの場合

相談題名：「対応の難しい部下」／相談者名：山下さん（仮名）

山下と申します。直属の部下（30歳：女性）のことで相談があります。

表7-2 「従来型うつ」と「新型うつ」との比較

発生要因	内因性精神疾患 身体的・遺伝的素因が強い	心因性精神疾患 性格・環境的要因，ストレスの影響の大きいもの		
主な疾患名	従来型うつ		適応障害，人格障害	
	そううつ病 （気分障害）	抑うつ神経症 （気分変調性障害）	抑うつ気分 あり	なし
			新型うつ	
性格	様々	真面目，仕事熱心，几帳面，責任感が強い，完全主義，周りに過度に気を使う等	真面目，負けず嫌い，挫折体験に乏しく他者からの批判に弱い，融通が乏しい等	
発症	原因がなくとも発症し急激に悪くなることがある	納得できるエピソードがあり，必ず心理的葛藤がある	仕事上の出来事：不本意な人事異動・仕事のストレス	
経過	周期がある	慢性的	状況によって変化する	
睡眠	早朝覚醒が多くみられる	入眠困難が多くみられる	覚醒リズムの乱れ，過眠	
自責傾向	あり 自分を責める	あり 自分を責める	乏しい 会社や上司のせいにする	
投薬の効果	効果ある メジャー・トランキライザー	効果少なく薬は補助的に使用 マイナー・トランキライザー		
身体症状	【出現率上位10位】1. 睡眠障害　2. 疲労・倦怠感　3. 食欲不振　4. 頭重・頭痛　5. 性欲減退　　6. 便秘・下痢　7. 口渇　8. 体重減少　9. めまい　10. 月経異常			
カウンセリング	効果なくかえって悪くなることも	効果あり。症状が落ち着いたらスタート	本人に自覚がなく初期の段階では効果なし	
	あまり話さない ex. もう駄目です	人により様々。具合の悪い時は口数が少ない	あっけらかんとしていてよく話す	

彼女は一見人あたりがよく魅力的に見えるのですが，実際は気分や感情の波がとても激しく，不安定でちょっとしたことで突然怒り出し，周囲を困惑させます。自分に対しては甘いのですが，他者に対してはとても厳しく，上から目線で，どこか評論家のように周囲を見ています。気に入らない同じ職場の同年代の同僚に対しては陰で悪口を言っています。

　ある時，昼休みをすぎても休憩室から戻ってこないので様子を見に行くと，彼女は昼寝していました。私が勤務態度を注意したことがきっかけとなり，それまで私に対してはさほど反抗的な態度は見せなかったのですが，手のひらを返したように何かにつけ批判したり，反発したりするようになりました。明らかな間違いを指摘されても認めなかったり，あることないこと尾ひれがついた私の悪口を裏で同僚に吹聴してまわったり。嘘や言い訳ばかりして私の言うことをまったくきかないようになりました。

　そうかと思うと，「自分に好意的で支えてくれそうだ」という人に対しては積極的に近寄ります。その日私から業務上指摘されたことで気持ちが収まらないことがあると，真夜中に同僚の携帯に何度もメールや電話をするようです。あまりに頻繁なので，同僚も「深夜の電話は困る」「家族にも迷惑がかかるからやめて」と伝えたところ，「自分が否定された」「見捨てられた」「見捨てないでほしい」と，今度は泣くらしいのです。どのように接するべきかわからず，周囲はほとほと困ってしまいました。

Ⅳ．人格障害（Personality Disorders）の特徴

○人格障害は「性格の偏り」または「歪み」。社会的規範からの逸脱状態。

○性格の偏りが思春期以降から表れ始め，治療しなければずっとそのままの状態であることが普通。

○人格が偏る原因は，遺伝的要因（気質）や劣悪な家庭環境，社会との関係性における甘やかされ（自己洞察の浅さ）や，そのような関係が長く続いた場合などさまざま。

○そのため，他者から本当に大切にされたという感覚が乏しく，不安定な人間関係しかとれなかったり，人を操作し振りまわしたりするような対人関係を

とることが多い。

○治療としては，自分自身が直面化し「このままではいけない」と心底感じた時からのカウンセリングが中心となるが，人格や性格を変えていくためには，長い年月が必要。

○関わるものの対応として「ひとりで関わらず，チームで対応を一致させて関わる」「特別扱いせず，きちんと枠をきめる」「共感しつつ同調しない」「中立的態度」「メリハリのある対応」を心がける。

「チームで対応を一致させて関わる」とは

・ひとりに押し付けない

　　⇒ いちばん辛いのは「孤立化」。孤立化をさけるために

・定期的に被害者の話を耳を傾けて聴く時間を設ける

　　⇒ 虐待の連鎖をくい止めるために（⇒ 最終的には自殺もあり得る）

・被害者同盟を組む

　　⇒ 自助グループ機能で健康度を保ち職場の悪循環をくい止めるために

・情報の一元化

　　⇒ 時系列に事実と対処を。ブレない，コントロールされないために

・話合いの結果や本人に伝えたことは時系列に記録に残す

　　⇒ 「言った」「言わない」と，問題の本筋からそれてしまわないように

・上司が毅然とした対応を図る（リスクマネジメント，トップダウン）

　　⇒ 何度注意しても改善しない場合には，辞めてもらう。

「共感しつつ同調しない」対応とは

・「同調」は相手（人格障害と思われる人）の言うことに対して，安易にわかったつもりになって，同じ波長で感情的に同情し，相手の言うこと全てをすっかり信じてしまうこと。人格障害と思われる人が泣きながら訴えることに対して疑いを持たず一緒に涙を流したり，「上司があなたのこと悪く言ってた」という言葉を全面的に信じて，上司に対するネガティブな気持ちを強めたりするような行為をさす。

　※人格障害のある人は，自分を助けてくれる人にはとことん甘え，依存するというのが特徴。つまり同情してあまり親身になると，頼られすぎるという状況が起こる。そこで肝心なのは，一定の距離を置いてつき合う

ということ。「夜遅い電話は受けない（時間を決めておく）」，「できるこ
と，できないことをはっきり伝える」など，メリハリのある毅然とした
態度が大事。
・「共感」は相手の言うことは否定はしないが肯定もしない，つまり相手の
主張に対して良し悪しを述べるのではなく，ありのままに受け入れる「あ
なたがそう思うことに対しては尊重します。（あなたはそう思うのね。で
も，私も同じ意見というわけではありません）」ということ。根底にお互
いの信頼関係が形成されていないと本当の意味で人の話に耳を傾け共感す
ることはできない。

ボーダーラインシフト

・何かしてあげてはならない。
・医師の指示以外のことを行ってはならない。
・話を聞いてあげてもよいが，患者に入れあげない。
・他のスタッフに対する批判を真に受けない。患者の話を真に受けない。自
分に対する陰性感情は「症状」のひとつとして割り切ること。
・起こしたことの責任を患者自身に引き受けさせること。
・大丈夫と言ってあげること。
・互いに情報を綿密に交換する。（注：スタッフ間）
・自殺企図などの深刻な行動化が起こっていても，過剰反応しない。たじろ
がない。
・患者の冗談やユーモアの才能を引き出すこと。
・待つこと，我慢させることが治療の力になる。

市橋[†1][1991] より。

†1：市橋秀夫：精神科医療における BPD 対応の標準化に多大な影響を与えたパーソナリ
ティ障害の臨床における第一人者。境界性パーソナリティ障害患者が引き起こす操作性
に対して，病院やデイケア等の医療機関において複数のスタッフがチームで対応する際
の指針を簡潔に提示した。「ボーダーラインシフト」は治療以外の場面であっても有効
であるとされている。[市橋，2006 より]

154

♣ ケース⑤：佐藤さんの場合

相談題名：「夫のお酒をやめさせたい」／相談者名：佐藤さん（仮名）

　はじめまして。佐藤と申します。夫のことで相談させていただきます。夫（43歳）は，ある出版社に勤めています。仕事柄，不規則勤務で夜が遅く，仕事が終ると食事代わりに飲みに行くことが習慣となっていました。夜は11時過ぎまで会社に残って仕事をしていることが普通ですし，仕事が上手く進まないと，休日もよく出社していました。

　夫は仕事帰りは勿論のこと，帰宅しても眠れないことを理由にお酒を飲み，次第にその量が増えていきました。夫は若い頃からお酒好きで，お酒は毎日飲んでいたようですが，どちらかというと楽しいお酒でした。しかし近ごろは，私に仕事の愚痴や上司の悪口を大声で話し，話を聞かないと私だけでなく中2になる息子にも八つ当たりして暴力を振るうこともあります。そして酔った時の記憶を時々なくすことが多くなっていきました。たまの休日でも途切れることなく朝から晩までずっと飲み続け，月曜の朝になると会社へ出勤できないこともしばしばで，私が代わりに夫の会社に「体調不良で休みます」と連絡する役回りです。

　思いあまって先日，電話相談で紹介された精神科の病院へ出向き，夫のお酒の問題について相談しました。すると医師から「本人を連れて来ないと診察できない」と言われました。到底本人はお酒をやめる気はないので受診しないでしょう。どこか夫のお酒が治るまで強制的に入院させてくれる病院はないのでしょうか。私はどうしたらよいのでしょうか。

Ⅴ．依存症（嗜癖：Addiction）の特徴

アルコール依存症について

　酒は少量もしくはその人にとって適量であれば人間関係（社会生活）を営むうえでの潤滑油となる。しかし「酒は飲んでも飲まれるな」という言葉があるように，自分自身で酒の量をコントロールできなくなり，日常生活を営むうえ

で支障をきたすようになると問題である。

アルコール依存症の原因は単なる意志や性格の弱さではなく，コントロール障害をきたす病気である。その根底には性格上の「依存」傾向があり「嗜癖／アディクション：わかっちゃいるけどやめられない」といったある習慣への耽溺行動がみられる。

楽しいお酒から自分や周りを困らせる重篤問題飲酒へ移行していく背景はさまざま考えられるがいずれにせよストレス回避の手軽な方法で習慣化されやすく誰がかかってもおかしくない病気である。

摂食障害について

拒食症と過食症に分類される。食行動の異常で食べ物への依存。思春期・青年期の女性に特に多い。きっかけは無理なダイエットで拒食から始まり後に過食へ移行するパターンが多い。

根本的な原因に，生育過程（家庭環境）における自己評価の低さや家族関係，特に母子の関係の問題が指摘されている。

依存症の治療について

治療の初期の段階で内科につながることも多いが最終的には精神科においてカウンセリングやグループ療法，自助（セルフヘルプ）グループにつながることが今の段階での治療法となっている。

また摂食障害，自傷行為，自殺未遂行為，ギャンブル・薬物・アルコール等依存症の患者は，切り口を変えると「人格の偏り」であり，人格障害に対する対応を心がけることが大切である。

依存症者を理解するためのポイント

・嗜癖は，心のよりどころ：食べること，薬，アルコール，性行動，ギャンブル，買い物，仕事，インターネットといった依存対象に埋没し，その対象と友達関係になっている状態。本人自身はその状況を深刻に受け止めていない。便利な世の中になった反面，安易な依存対象へのアクセスも格段によくなり，ストレス社会，一人ひとりが孤立し都市化した社会においては，そうした対象が快をもたらす，もしくは不快を取り除く都合のよい安易な対象となりやすく，耽溺化・習慣化されやすい。（例「わかっちゃいるけどやめられない」）

・両価性（アンビバレンス）：ひとつの事柄に対して相反する2つの感情や態度が個人の中に存在する精神的葛藤状態のこと。たとえば薬物依存が生ずる13歳〜25歳（青年期）に多く見られる「依存⇔自立」の精神的葛藤がある時期に，薬物等安易で健全でない依存対象にはまってしまう状態。（例「断ちたいのに断てない」「自立したいが依存してしまう」）

・依存は氷山の一角：不健康な依存は表面化した現象であり，その背景には本人が属している環境（家庭，学校，職場）におけるさまざまな問題がある。警察介入により入所経路を断つことも大切だが，それだけでなくその背景に潜む環境調整にも目を注いでいかないと，一旦は終息しても再発したり長期化したりする。特に青年期における薬物事例では，薬物乱用という問題の重大さと年齢の低さによる周囲の驚きと意外性により家族も薬物問題だけに目を奪われてしまいがちなので注意。（例「家の子に限って」「本当は良い子」「他の子にそそのかされただけ」）

3) 精神科を受診するということ

（1）間違えやすい医療機関の診療科

・精神科：こころの病の疑い，治療。

・脳神経外科：脳腫瘍・脊髄腫瘍・脳血管障害・頭部外傷（による脳傷）・顔面神経麻痺・手の痺れ等。（ストレス：×）

・神経（内）科：認知症やパーキンソン病など脳や脊髄，末梢神経に関連した神経系の疾患を扱う。厚生労働省の認定する難病・特定疾患の多くが含まれる。

・心療内科：胃潰瘍・円形脱毛症等の心身症や，ぜん息・摂食障害のように，心理的ストレスがさまざまな身体症状を引き起こしているような疾患を扱う。（ストレス：○）

※神経（内）科や心療内科は，しばしば精神科と間違われる。しかし神経（内）科は（単独の場合）治療対象が異なり，心療内科の医師のほとんどが内科の専門医であり，内科的治療が中心となることが多い。

※「うつ」でも不眠症，自律神経失調症，更年期障害，慢性胃炎，過敏性腸炎，過換気症候群，睡眠時無呼吸症候群と診断され，内科および心療

第7章　メールカウンセリングに必要な精神疾患の基礎知識と支援　　*157*

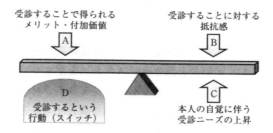

図7-6　シーソーモデル

内科に長期通院している例も多い。
(2) 精神科を受診するという行動の背景（シーソーモデル：D＝A＋C−B）

精神科に辿り着くまでには，必ず各自それなりのヒストリーとエピソードがある。どこでバランスが崩れてシーソーが左に傾き，受診するという行動に結びついたのか，その背景をリアルにイメージ化することが大切。

(3) 人の心の働きの特徴と治療や予防の見える化

人の心には，健康的な部分と不健康な部分がある（図7-7参照）。たとえば，仕事に過度なストレスを感じ，それが不健康な部分になっているとしても，仕事を辞めて健康度を高めようとするのはあまり現実的ではない。それよりも，

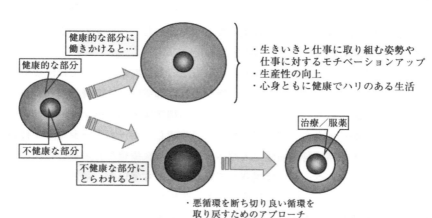

図7-7　人の心の働きの特徴と治療や予防の見える化

ストレスと上手く付き合いながら，健康的な部分を広げていくと，精神疾患の予防につながる。

　健康的な部分は，社会とつながることや，身近に相談相手がいることでも広がっていく。仕事が「辛い」と思うと，ストレスを感じやすくなるが，逆に仕事が「楽しい」と思えば，同じ業務をしていてもストレスが軽減される。

　さまざまな要因（ストレス）が重なって心が疲れてくると，意識も不健康な方に向かいやすくなる。人間は，意識を向けたところが拡大しやすい傾向があるため，どんどん不健康な部分が拡大してしまう。疲れた頭で寝る前に考えごとをしたりすると，どんどん悪い方向に考えてしまうような状態である。

　不健康な部分が広がり過ぎて悪循環してしまうような時は，薬や治療によって不健康な部分を抑え，脳の回復力を高める必要がある。精神疾患に罹患すると，ほとんどの場合寝る前の薬（睡眠導入剤）が処方される。これは，質の高い睡眠をとることが，脳の回復を高めることに直接つながるからである。

4）よい医療機関を探す際の極意（5カ条）

　（1）通院しやすいところ

　「遠くの名医（良医）より近くの凡医」という。心の病は具合が悪くなればなるほど家から外にでるのがおっくうになり，医療機関を受診する足が遠のく。つまり診察日でなくとも具合が悪くなれば早めに医療機関を受診できるように，医療機関の設定は通院しやすい自宅になるべく近いところにするのが望ましい。

　（2）精神保健指定医をもっているところ

　精神科を基盤とした臨床経験をもっている証。都道府県によっては医療機関名簿等を作成していることもある。名簿があれば都道府県内の身近な精神科を探せる。名簿が手に入らなければ，都道府県の精神保健福祉センターに問い合わせ，いくつかピックアップしてパソコンで検索し，ホームページなどを確認してみる。大きな精神科の病院（入院ベッドのある医療機関）の場合は医師が複数いるのでホームページには掲載していないことも多いが，最近では若い女性やサラリーマン，OLの方でも通いやすいクリニック（入院ベッドのない医療機関で個人開業の診療所）が駅前等立地条件のよい便利なところにたくさんできおり，クリニックであればほとんどの場合，医師の経歴等ホームページで

簡単に調べることができる。
　(3) 患者さんの評判がよいところ
　医師が話をよく聴いてくれて，アドバイスも的確であること。また，医師だけでなくクリニックの雰囲気も確認しておくとよい。実際に受診する前にいくつかピックアップして電話をかけてみる。予約が必要なところや必要のないところ等さまざまであるし，電話した受付の方の対応で，親切・丁寧なところを選ぶ。あえて雰囲気や対応の悪いところに受診する必要はない。
　(4) 専門家の評判がよいところ
　患者さんだけでなく，よく業界を知っている人の評判もよいこと。知人や友人のつてを使って，この業界のことをよく知っている人がいれば，聴いてみよう。
　(5) 土曜日も診療しているところ
　説明するまでもないが，会社員やOLが会社を休まず無理せず通院できる。ただ，土曜日はたいへん混み合うので注意が必要。

〔引用・参考文献〕
青木省三　2001　初回面接で必要な精神医学的知識　臨床心理学，Vol.1 No.3, 304-309.
土居健郎　1977　方法としての面接　医学書院
藤本　修・藤井久和（編著）1995　メンタルヘルス入門　創元社，p.65.
市橋秀雄　1991　精神科治療学，6, 789-800.
市橋秀雄（編著）2006　パーソナリティ障害のことがよく分かる本　講談社
黒澤　尚・市橋秀雄（編著）1994　精神科エマージェンシー　中外医学社，pp.22-23.
更井啓介　1979　うつ状態の疫学調査　精神神経学雑誌，81, 777.

コラム7

就活生が気をつけたいネットマナー

コンビニのアイスクリームの販売ケースに入り込んだり，飲食店で下半身を露出したり，食べ物でふざける様子や，犯罪の告白や未成年飲酒などを Twitter などに投稿する。いわゆる「バカッター」投稿が2013年ごろ話題になった。「バカッター」で晒されたことで，倒産や閉店を余儀なくされた店もあり，また投稿した本人も損害賠償を受けたり，学校を退学せざるを得なくなった場合もある。このような明らかな非常識行動はもちろんだが，日常の投稿もさまざまな人の目に触れている可能性は考慮すべき点である。場合によっては，「ピアノのコンクールで優勝した」という投稿さえも，負けてしまった人から見たら，腹立たしく感じて，その人が何か問題発言をしていないかを執拗にチェックしていたという例もある。

特に，就活生は自分の発言について注意が必要だ。たとえば，就職活動で，変わった質問をされた場合，その驚きや動揺をつぶやかずにいられない人が一定数存在する。すると，その質問についての投稿がないかどうかを，人事担当者は検索をして，該当する者を特定すると，メディアリテラシーの低さから，その学生に「お祈り」をする，つまり，不合格の判断をするという声もある。本名でアカウントを登録している者も少なくはなく，容易に検索が可能な場合も少なくはない。

入社してから何かあってからでは遅いと，今や多くの企業の人事が採用段階で学生の SNS をチェックしているという。

改めて下記のような項目に該当していないか，就活生の方はチェックをしてほしい。また，就活生に限らず，こういった内容は社会人になってからも注意し続けることが，会社をリスクにさらさない，ひいては，自分の身を自分で守るという点でも重要になります。

□未成年飲酒や犯罪行為（飲酒運転，盗難など）の投稿を書いていない
□悪ふざけの投稿をしていない
□不適切ととられがちな行動や発言になっていない

□感情的な発言をしていないか
□ SNS 上のコミュニケーショントラブルはない（頻繁にもめていないかなど）
□前職や現職の愚痴や悪口を投稿していない
□差別的な発言をしていない
□ハンドルネームや ID 名は第三者から見て問題ない
□機密情報について投稿していない

（**日本オンラインカウンセリング協会理事　中村洸太**）

〈参考記事〉
『書き込み』チェックは人事の常識 入社前から危険人物を徹底駆除 炎上してからでは遅い（産経新聞 2015 年 5 月 22 日）。

第8章 さまざまなメール相談とそのすすめ方

8-1 シンプルな相談

1) 主訴を見極める

♣ 相談

> 自分自身が仕事のモチベーションが下がって困っている。
>
> 子どもが学校に行かなくて困っている。

「自分自身が仕事のモチベーションが下がって困っている」という相談と「子どもが学校に行かなくて困っている」とでは「誰がどのように困っているのか」に注意が必要である。

「子どもが学校に行かなくて困っている」は，「子ども自身は学校に行かないことを困っている」かどうかはこの文面だけではわからない。親が困っているとも文面には書かれていない。よって「親御さんの心配」と見立て，「親御さんとしてもご心配でしょう」と返す。すると「本人の問題ですから，私は気にしていません，本人が困っていると思うので相談しました」となれば「本人が困っていると思う親の相談」と見立てを修正する。

または「親である私が心配するのはあたり前でしょう。だから相談しているのです」と返ってきたとする。この場合は「親御さんの心配」という見立てのままですすめる。ただ「失礼しました。念のために確認しました」と信頼関係

が形成できるような配慮がないと，今後の相談が続かない。

このようにやりとりで，主訴が浮き彫りになる。その前段階として見立てが必要になる。察しのいい親御さんは「そうなんですよね。子どもの相談といいつつ，自分自身の不安をどうしたらいいかということなんですよね。今回気づきました」と返事がきて，相談が深まることもある。

2）自分自身の相談（短文）

「仕事のモチベーションがさがっていて困っている」の見立ての準備は次のとおりである。

〔見立ての材料〕

  a. 主な訴え

  b. カウンセラーへの期待やニーズ

  c. カウンセラーからみた相談者の課題

  d. パーソナリティ傾向や社会性

  e. 心身の健康状態

  f. 上記を踏まえた中長期のゴールと支援方針

  ＊緊急度合については，筆者の相談状況では特別な項目として設けずにb
    に含むものとする。

このaからfに基づき，いろいろな見立てを述べてみたい。

a：この短文の訴えを想像する。

  ・モチベーションが下がっていると感じていること

  ・モチベーションが下がる要因がわからないこと

  ・モチベーションが下がることにより困りごとが強く起きていること

  ・モチベーションを上げる方法を知りたい

  ・モチベーションとは関係なく，困りごとを解決したい等

b：

  ・「わかってほしい」「認めてほしい」という気持ちとともに，モチベー ショ
    ンに関する解決方法や情報提供を知りたい等。

c：

  ・相談するにあたって，自分のことをわかってもらうために丁寧に説明する

ことをしないこと。その背景には緊急性があるのかもしれない。

・依存的で社会性が元々低いのか。なんらかのストレスがあり依存的で社会
性が低くなってしまったのか。それであればストレス要因と反応を自覚す
ることも課題になる。

　注意点としてaとcを勘違いしないこと。カウンセラーからみると，課題が
明確になる場合であっても，本人はその課題に気づいていないことや気づくこ
とを避けていることもある。カウンセラーからみて課題が多い人であっても本
人がそのことに気づき，解決したいという強い気持ちがなければ，そこに焦点
をあてる必要はない。

　d：

・仕事柄短文で相手に伝えることを訓練されている方なのか，口数が少なく
自分の状況を詳しく説明する人柄ではないのか。

・情報不足のためパーソナリティは不明，以下の文面をまずは送り相手から
の反応を待つ。

　e：

・情報不足であるが，何らか心因性のストレス反応が起きている。または脳
や甲状腺の疾患，更年期障害，精神疾患の症状も考えられる。

　f：

・まずは「困っている状態」を理解し，仕事との関係を確認する。その中で
課題や方向性が見えてくると思われ，そこを中長期のゴールとする。

☆ **回答例**

　はじめまして，カウンセラーの○○です。どうぞよろしくお願いします。
「自分のモチベーションがさがっていて困っている」ご相談を拝読しまし
た。
　短い文章でしたので理解が不足していると思いますが，まずは私が感じ
たことをお伝えします。
　○○さんは素直に感情を表現してくれる方と文面から察しています。一
般には「モチベーションが下がっているので相談したい」と書かれますが，

「△△で困っている」と現状のお気持ちを簡潔に書かれています。

お困りの状態状況について「どのように困っているのか」について，できれば，もうすこしお聞かせいただきたいと思っています。

たとえば，「出社することも辛い状況なのか」「出社しても仕事がまったく手につかないのか」「ある仕事限定的な仕事でモチベーションが下がっているのか」「モチベーションだけでなく，なんとなく体調不良が続いて」等です。その状況をご一緒にふりかえって，解決のヒントを捜していきましょう。

またモチベーションが以前は高かったが，現在は下がっているということと想定すると，以前とは何が（仕事環境・上司や同僚等の人間関係）違っているのでしょうか。この状況についても教えてください。

こちらの質問が的を得ていないかもしれません。そのようでしたら質問をとばしてくださって結構です。

この文面から感じたことをお聞かせください。

もし，モチベーションが下がって文章を書くのもおっくうということであれば，電話相談でも対応ができますので，遠慮なくおっしゃってください。

どうぞよろしくお願いします。

〔解説〕

(1) 知恵袋のやりとりから学ぶ

初回は短文すぎて見立てが立てられないため，ある程度想定してすすめた。その時の方法として「知恵袋」の回答例を参考にしてほしい。短文の相談に対して，「具体的に書いていないのでわかりません」「もうすこし詳しく聞かせてくださってから回答します」と返事をする回答者の傾向と「具体的に書かれていないですが，おそらく・・でしょうか」と想定して回答する傾向がある。相談する人の傾向は一般に大枠で質問する。回答する側は大枠に質問されたら大枠にしか返せない。ただし，その相談内容に詳しい回答者は察して想像して返すことができている。

このようなやりとりを繰り返すことで，相談者は自分の解決したい気持ちや

事柄がだんだん明らかになる。何とか助けたいのではなく，トンネル内など暗闇で手探りに一緒に歩いていくイメージである。そのようなイメージがあれば情報量の少ない相談でも不安になりすぎずに返事を書けるだろう。

(2) 質問のしかた

質問のしかたを意識工夫してほしい。「年齢は？」「仕事内容は？」「いつからですか？」という限定する閉じた質問に対して，相談者はそれに一生懸命答えようとする。するとカウンセラーはそのことが主訴と思い込んでしまうことがよくある。「初回は開かれた質問」で全体的な相談内容をつかむ。

また初回等では「△△についてもうすこし教えてください」という質問をしている。相談者は「何を伝えればいいのだろうか」と思うだろう。相談者に考えてもらう試みである。「□□のことでしょうか」となんらかあたりをつけて返事がくることもあれば，「何についてお伝えすればいいのでしょうか」という次の返事がくるかもしれない。それにより，「あたりをつけて考えることが経験的にできるのかできないのか」ということがすこし理解できる。もちろんその人の能力・経験・社会性等状況によって，質問を工夫する必要はある。

(3) 「他の人に相談しましたか」という対応の是非

また「同僚や友人に相談しましたか？」という質問もよく見受ける。そこで相談できるならメール相談はしないと思う。カウンセラー側の苦し紛れの対応と感じる。

周囲の人への相談結果を参考に知りたいのであれば，数回のやりとり後に「この件について，同僚や友人の意見や助言はありますか？」「その助言に参考になったことと，あまりピンとこないことがあたら教えてください」と聞いてみればよい。

3) 自分自身の相談「やや長文」

♣ 相談

自分に合った仕事がありません。どうしたらいいのでしょうか。大学を卒業後大手企業に入社，かなりがんばったので会社からの評価はよかった

第8章　さまざまなメール相談とそのすすめ方　*167*

ですが，いじめをうけたこともあり3年で退職。

　その後派遣やアルバイト・パートを転々として，自分に合う仕事を探しつづけたのですがあっという間に30代後半になりました。ふりかえってみると単純作業だけで年齢なりの実力や専門性がついていない自分がいます。何をどう学べばいいのか，そしてどんな風に仕事をさがせばいいのかアドバイスください。

〔見立ての例〕

　a：主な訴え

　・自分に合う仕事をみつけて，専門性のある仕事につき実力を高めたい

　b：カウンセラーへの期待やニーズ

　・以前はがんばった自分がいて，その評価されるべき自分を活かした助言がほしい

　・はやくなんとしたい

　c：カウンセラーからみた相談者の課題

　・「転職」をする時に，社員ではなく非正規ばかりを選んだこと

　・「自分に合う仕事があるはずだ」という思い込みが強い印象

　・書かれてはいないが「自分に合う仕事のイメージ」が漠然とあるようで，その制約から離れて，自由に幅を広げながら職業選択ができていない

　・与えられた「作業」でも「仕事になるように」ととらえることをしない

　・専門性も含めてキャリア形成のプロセスを理解していない

　d：パーソナリティ傾向

　・大手企業ではいじめで退職したということで，ストレス耐性はやや脆弱か

　・「自分にはあう仕事があるはずだ」という自己評価が高いわりには「どんな作業でもスキルを上げて伸びることができる」と思える自己効力感が低い

　・自分の実力がついていないという焦り

　e：心身の健康状態

　・身体的な健康度は不明だが何らかのストレス症状はある可能性高い

　f：上記を踏まえた中長期のゴールと支援方針

・自らの強みの自覚
・認知傾向の確認
・専門性や仕事の能力を上げることの方法

　一般にキャリア相談という間口であっても，就職相談から生き方・働き方，その過程に起きる夫婦・親子・嫁姑関係の相談まで幅が広い。今回の相談は単に就職先の選択ではなくご本人は自覚していないが，生き方・働き方・対人関係を含め，ものごとのとらえ方の自らの特徴を理解することが必要と感じる。

　「この相談内容は，男女どちらだろうか」と判断したくなる方もいる。または「当然女性の相談」と思い込んで「女性の非正規は増えているので……」と返す人もいる。「男だったらやるしかないでしょう」とやや差別的な対応を無意識にしている事例も見受ける。

　男女の性別が書かれていないのであれば，そこにこだわった回答や返事をしない姿勢がほしい。戸籍性と心理的な性の違いはあるかもしれない。カウンセラー側が差別になる発言にならないように，とらわれない姿勢で対応したい。

☆ 初回回答例1

　メール拝読しました。
　「自分にあった仕事」を見つけるための意識・努力・行動力の高さを文面から感じ，意欲的でエネルギーの高い方と感じました。
　一方30代後半になり残念ながら，そのような仕事が見つからないという，とまどいやあせりがあるようですね。意欲が高ければ高いほど，現在の状況がストレスに感じていると思います。
　そして年齢を重ね「仕事の実力がついていない」と実感しているご様子も感じます。悔しさや焦り等のお気持ちもあるかもしれません。
　自分の現状を認識して，そこから逃げない決意のような感覚も感じます。だからこそ，その学び方や仕事の探し方を渇望されていると理解しました。
　理解のしかたに誤解があれば，お詫びしたく思います。
　あくまで想像ですが大手企業に入社経験のある方なので，それなりの基本的な実力はお持ちでしょう。その方が単純な作業だけでは物足りないと

第8章　さまざまなメール相談とそのすすめ方　*169*

思います。転職をするたびに，職務経歴に書けるような経験がほしいという思いに至るでしょう。

専門性をつけることも望まれています。新卒で入社した会社で「いじめ」を受けることなく現在勤務を続けたら，どのような実力や専門性がついたと想像できますか。ふりかえることでそこに何かヒントがありませんか。

いずれにせよ，今後を考えていく大切な時期です。質問に答えるだけではなく，ご自分のお考えや思いもあわせて，聞かせていただくことで，「仕事の探し方」「学び方」について，ご一緒に考えてきたいと思います。

〔解説〕

相談者の肯定面を探し，もしかしたら違うかもしれないということも前提に，意識的に文章にした。

斜体の文面は，初回の相談ではなく2回目の相談で質問することがベターと思うが，学習材料として初回に入れてみた。読者の方は自分がカウンセラーとして対応する時に，どちらがよりフィットするだろうか。

対応に正解はないので，読者の方が無理して回答例にあわせることはない。より自分らしい返事を書くためのたたき台としている。

☆ 初回回答例2

誰もが考えたり，思い悩んだりする相談です。

仕事はやってみないことには「合うか合わないか」はわかりません。やってみた結果「自分に合う仕事」に出逢えたとしても，「人事異動」になり，自分が苦手な仕事を続けざるを得ないということあるでしょう。

異動希望をだして，「自分に合う仕事」を得たにもかかわらず，「期待された仕事ができずに」メンタル不調で休職したという事例もあります。

「自分に合う仕事」として苦労してある専門職についたのですが，10年後には，その仕事に興味関心が薄れてしまったという事例もあります。

会社員として組織に入ると，自分の希望が叶うとは限りません。転職し

て専門職についても，その意欲が継続するとは限らないのです。このような話をどう感じますでしょうか。

　残念ながら，非正規で働いていると上記の異動もないし，人材育成の支援は少ないと思われます。

　1つの考えとして，専門性を高めることも考えつつ，今からまずは正規社員になることも視野に入れてみませんか。いかがでしょうか。社員という所属があれば，ジョブローテーションで能力が高まる機会に恵まれる可能性も高いと思います。30代ということですので，まだチャンスはあると思います。

　（中略）

　求職のさがし方として，いろいろあります。たとえば，ハローワークインタネットサービス等で「正社員」と探すと「人事経験者」「営業経験者」等がでてくるかもしれません。すこしでも興味関心が持てる会社や仕事内容はありませんか？　そしたらそこから調べていくということです。

　いままでの努力を活かしていくためにも，この相談をどんな風にすすめていきましょうか。ご希望を聞かせてください。期待した返事ではないかもしれません。「△△のことを知りたい」等をきかせてください。どうぞよろしくお願いします。

〔解説〕

　なるべく説教にならないように，雇用就労環境の全体について説明をした。キャリアに関する相談の一般として，「専門性」「やりがい」等の訴えがでてくる。そのあたりの知識や現状，現実論を伝え，仮に正社員になるという前提で話をすすめていくことを検討してもらう。

☆ 初回回答例3：価値観の確認型

　（理解したことやねぎらい等の文面は省略）

　「どんな風な仕事さがしをしたらいいか」というご相談ですが，今までのやりかたではうまくいくとは思えないように感じていらっしゃるのです

ね。ずいぶんといろいろご経験されていると思いますが，「どんなことを重視して探してこられましたか」を教えていただきたいと思います。

たとえば，
・賃金
・会社規模
・所在地
・仕事内容
・働いている人の年齢層や男女比
・風土，雰囲気

そして「ご自分がどんな仕事につきたいか」のイメージはありますか？やりたくない仕事や仕事環境などでも結構です。質問に的確にお答えするためにもご希望をまずは聴かせてください。

〔解説〕

本人の期待にそった形で，まずは回答する。

できれば，「いつから」「どのくらい仕事」「どんな仕事」など５Ｗ２Ｈ的な閉じた質問はしない。まずは相談者がどんな価値観を持っているかを知る上での質問を工夫したい。その価値観を活かした上で，相談者の質問に応える方向を考えていく。

☆２回目以降の回答例１：情報提供型

「何を学べばよりよい転職になるか」のご相談についてのお返事です。職業訓練の方法としてハローワークに相談すると，各種スキルの学校情報等があります。

まだ30代ということで，求人が豊富なので新しいスキルを学び情報を得ることができます。

また一般論になりますが，新卒と違い既卒の転職は，「どのような経験を蓄積してきたか」と経験を重要視します。その経験から「即戦力」を期待するからです。あなたが単純作業と卑下していましたが，その経験を活

かして，さらに学びたいことはないでしょうか。

　働く場所はどこを考えていますが。Uターン I ターン等もありますし，地域によっては「30代の方には移住して仕事をしてほしい」と期待している地域もあります。

　ある地域でパン屋を始めた元 IT 社員，ある地域独自の染め物や織物を公的な費用で学び，移住した人などの事例もあります。

〔解説〕

　無料または有料の職業訓練の知識を伝えつつ，学びの選択肢を広げてもらう。企業内外で働く以外の方法や方向も伝え，視野を広げてもらいつつも，相談者の反応を待つ。

☆2回目以降の回答例2：職務経歴型

　いろいろご経験されていますね。ご自分では「経験になっていない，伸びていない」と思いこまれているかもしれませんが，他者からみるとそのご経験は充分に次につながる何かかもしれません。活かせる環境を一緒に探したいと思いますので，まずは職務経歴書を送付願えませんか？　いままでの経験の強みを活かし，将来のヒントを見つけていきましょう。以前にどこかで使った履歴書，職務経歴書でもメモでも結構です。どうぞよろしくお願いします。

〔解説〕

　職務経歴を送付する気持ちがあるかどうかはわからないが，お互いにとって情報量が多いほうが解決が早い。そのための提案である。

☆2回目以降の回答例3：学び焦点型

　（前段階の文章は省略）
　「学びたい」とありますので，たとえば，夜間大学院等はいかがです

第8章 さまざまなメール相談とそのすすめ方　173

か？　専門性を学びたいだけではなく，自分探しに来ている方もいますので，そのような方とお知り合いになることが副次的に有効です。いろいろな社会人学生がいらしているので情報交換になるでしょう。大学院に入るためには「研究計画」等をたてることが必要になります。このような準備を通じて，「ご自分が何をしたいのか」があきらかになりますので，実際に大学院に行かなくても「自分の棚卸し」をする刺激を受ける経験になります。

　また，キャリアの資格が国家資格になりました。ということはこのような相談が多いという背景です。自分が迷っているので資格の勉強をしたという方もいます。資格取得を目指すことではなく，勉強をするための手段として資格は包括的に学べます。厚生労働省のHP等を見てみると，参考になる勉強項目があるかもしれません。

〔解説〕

　学ぶ場を知ると共に，他の人の状況を客観的に知ることで，自己肯定感が高まることを意図している。

☆2回目以降の回答例4：不安解消型

（前段階の文章は省略）

　「転職を転々と続けてきた」と書かれています。「転々と・・」という言い方をなさっていますが，この経験を通して「自分に合う仕事をさがして，挑戦を続けてきた」という何らかの自信が蓄積しているのではないでしょうか。

　またこのようなご自分を振り返ってみて，ご自分自身をどうとらえているのかを理解したいと思います。（肯定的，または否定的，それとも・・）たとえば，ご自分では否定的ととらえているかもしませんが，周囲から見ると，「自分にあう仕事探しを続けているたくましい人」と思われているかもしれません。ご自分が外からは「どう見られているのか」を理解するきっかけがあるといいですね。

「いじめ」についても書かれています。このことは現在のご自分にかなり辛い記憶として残っているのか？　それとも以前よりは少しずつ薄まっているのか？　そのあたりもお聴きしたい気持ちがあります。

なぜなら，辛い記憶のままであれば，現在の人間関係に影響を与えている可能性があると思うからです。またこの辛い記憶を薄めたいお気持ちがあれば，薄める方法はありますので，ご安心ください。

〔解説〕

「転々として」という状況でも，１年以上仕事を継続して続けるタイプなのか，１年未満なのかわからない。そのような状況は聞きにくいので，婉曲的に肯定的に伝えてみた。質問という形式にせずに，アンダーラインの文章のように間接的な言い方にしている。

斜体の文面は初回では聞かない。数回のやりとりを通して，機会を捉えて確認できたらと思う。このような内容もメール相談だからこそできることではないかと考えている。対面では確認しにくいこともメールだからできることはある。

仕事が続かない人の傾向として，適応促進のためにも「対人関係」「自己理解」は重点項目であると思われる。

8-2　家族を含めた相談

♣ 相談

子どもが学校に行かないのでどうしたらいいでしょうか。夫はしばらく様子を見ようといいますが，あまり心配していない様子です。私も働いているため日中は家に誰もいない状態です。

ある時，妻である私が働いているから「子どもが学校に行かないのでは」と義母から言われ続け半年経過しており，落ち着かない毎日を送っています。どうしたらいいのでしょうか。どうぞよろしくお願いします。

〔見立て〕

　a：主な訴え

　・子どもが学校に行かないこと

　・夫が親身に本気にならないこと

　・働いているため日中は家にだれもいないこと

　・義母から責められること

　b：カウンセラーへの期待やニーズ

　・子どもが学校に行かないことだけではなく自分の不安を払拭したい

　・義母の対処を知りたい

　c：カウンセラーからみた相談者の課題

　・夫と義母も入れた話し合いを避けていること

　・夫婦で義母を頼ることをしないこと

　・子どもとどのように関わったらよいかについての相談がないこと

　d. パーソナリティ傾向

　・現段階では不明

　・「キャリア志向」「働くことが当然」「義母とかかわる時間を少なくしたい
　　から」など不明

　e. 心身の健康状態

　・心身は勤務ができる程度に健康と想像できる

　f. 上記を踏まえた支援方針

　・当面母親役割をねぎらい励まし相談ニーズを明らかにする

☆ 初回回答例1：慰め型

　お困りのご様子伝わってきました。子どもさんが学校に行かないこと，
そのため家で一人で居る子どもさんの状態が気がかりであること，そのこ
とを夫は親身になっていないこと。その上「働いているから学校にいかな
い」など義母から理不尽なことをいわれ続けていること，子どもさんが学
校に行かないことを，すべて母親であるあなたの責任にされている印象を
持ちました。追い詰めてられているご様子ですので，何とかお役に立ちた

いと思います。

　本来一番力になってほしいのは夫と思います。夫に協力を要請することを当面考えていきますか？　それとも相談者のあなたがすこし休暇をとるなど，気分転換の方法を考えいきますか？　まずは落ちついて考えられる状況をつくりだすことが必要かと思いますが，いかがでしょうか。

〔解説〕

　母親の気持ちをまずはほぐす。そして今後についての考えを聞いてみる。

☆ 回答例2：家族相談の提案をしつつ夫婦相談型

（前段階の文章は省略）

　子どもさんが学校に行かない要因について子ども自身が何を言っているのかわかりません。また学校はどんなことを言っているのかがわかりませんので，理解不足の上でお伝えします。

　現在の状況を詳しく教えていただけたらありがたいのですが，相談者にとってそのようなことはご負担になることもあるでしょう。よって別な方法として，ご心配であればまずはご夫婦で教育相談等を受けるという方法もあります。

　第三者のカウンセラーを交えて夫婦で向き合うことで，家族の対応方針を立てることができます。何よりもそこで夫の本音をきくこともできます。

　もちろんこのメールのやりとりを見せて，この相談に「夫も参加してもらう」という方法でもいいでしょう。夫に見てもらうようなメールをこちらから再度書くこともできますのでご希望をきかせください。複数の知恵を出し合うことで，何か光りが見えてくることもあると思います。

　子どもさんにとって，学校に行かない時間があっても，親との信頼関係の再確認ができたらと思います。あなたも夫も仕事は大切ですが，一番大切なのは「家族」というお気持ちが子どもさんに伝わっていれば，子どもさんは安心感が蓄積していくでしょう。どうぞよろしくお願いします。

〔解説〕

　夫婦が一緒になって考える機会を提案する。相談者である妻を介して，夫側の協力を要請するための方法を提案した。このようなこともメールだからこそできる。

☆ 回答例3：夫婦の対話提案型

　（前段階の文章は省略）

　まずは夫にもっと協力してもらいたいという気持ちはありませんか。毎日子どもだけが一人で家にいることはいいのかどうなのか，ということですよね。そのあたりもまずは夫婦で話し合ってみましたらいかがでしょうか。

　お互いに働いているのであれば，お互いが交互に半日や時間給等の有給休暇をとり，家に居るという方法もあるでしょう。子どもさんがどういう気持ちかがわかりませんが，「家に一人でいることが開放されていい」ということもあれば，「誰かがいなくて寂しい」という気持ちもあるでしょう。子どもさんの気持ちも同時に確認できるといいですね。

〔解説〕

　夫に協力をしてもらうためにも，話しあいについて提案する。

☆ 回答例4：義母に協力要請

　義母にこんなことを言われてしまうと，辛い悲しいとおもわれるでしょう。「なぜ私だけに言うの？」という気持ちも湧いてくると思います。

　別な視点からみると，これは義母から「私を頼ってよ」というメッセージと受け止めることもできるかもしれません。いままでの関係性を知らないので，失礼な文面になっていたらお詫びします。義母の発言の意図は何なのでしょうか。直接または夫を介して「義母の言い分」を聞いてもらうことはできませんか。

義母の言い分をもとに今後について検討しませんか。

そして母親であるあなたの負担を減らしていくことが最重要課題と感じています。どうぞよろしくお願いします。

〔解説〕

まずは夫を通じて義母を巻き込む。そして母親が肯定されるよう，ながれを考える。

8-3　介護の相談

♣ 相談

実家の母が認知症になり父が介護をしていますが，父ばかりに負担をかけていることで気になっています。近隣に住む兄も本来頼れる存在ですが，妻と子どもが精神疾患を患い，兄に負担をかけられません。夫の両親も母ほどではないにせよ心配です。ただ夫は「こちらのことは気にするな」と言ってくれて，助かっています。

だからこそ息子が今年受験でもあるので，息子の教育費のためにもパート勤務をもうすこしがんばりたいと思っていました。

そんなところに突然夫が，「仕事をやめて，お互いの親をオレがみる」といいだしました。会社で早期退職の応募があり，手を上げたそうです。夫はまだ55歳，今退職して今後の生活は？年金は？という不安が強く，「今までお疲れさま，親たちのことお願いします」とは素直に言い切れませんでした。

また，私がはやくパートをやめて，お互いの親の介護をすればよかったのにと後悔しています。どう考えても私のパート収入のほうが夫の給与より安いのですから。今までは夫が働いて私が補助的に働くという感覚で，少々気楽にパートを続けてきました。今さら働く意味があるのかという気持ちも生まれてしまいました。助言ください。

〔見立て〕

a. 主な訴え
・自分の親の介護，自分が手伝えないこと
・兄も頼れない事情
・夫の両親の介護
・夫の早期退職と介護宣言
・夫の退職への不安（経済，生活，年金）
・自分の思い描いた姿と違いパート勤務にも迷いがでて，生き甲斐ややりがいを失っている

b. カウンセラーへの期待やニーズ
・気持ちを理解してもらい，ほぐしてもらい，今後の整理をしていきたい
・夫の決断を変えさせてほしい

c. カウンセラーからみた相談者の課題
・夫との経済面もふくめた将来設計を一緒に考えてこなかった
・夫婦で今後について，現実的に検討することをしない

d. パーソナリティ傾向
・普通の主婦

e. 心身の健康状態
・情報なし

f. 上記を踏まえた中長期のゴールと支援方針
・当面ねぎらいを続け，状況を整理し今後の計画を立てる

☆ 初回回答例

　自分の親と夫の親の介護，夫の退職，子どもの受験，老後の将来設計を現実的に考える時が，突然一気にくることになりとまどっていらっしゃるように感じました。これだけいろいろなことがあると，落ち着いて考えることはできなくなるのは無理もありません。

　文面はわかりやすく，「とまどっているお気持ち」とともに，冷静な方ともお見受けしました。

本当は「今までお疲れさま，親たちのことお願いします」と素直に言えたらよかったという思いがあること，とても夫思いの方ですね。そして「そうしたいけどそうできなかった」というお気持を今後いつか，素直に言えるような時がくるように，そのことも一緒に考えていきませんか。

まずは，今後を考えていく上で，
・ご自分の気持ちの整理
・夫の気持ちの理解
・夫婦のお互いの気持ちを理解しあうこと
・今後の現実的な生活面の確認
以上が必要と感じました。

介護のことはある程度覚悟はしていたかもしれませんが，夫の退職は突然と感じられたのでしょう。そのあたりは夫の言い分を聴いてみましたか。

想像ですが，夫もずいぶん前から迷っていたこともあるのではないでしょうか。現役で働き続けることと，退職金等今後の生活を考えた上での算段等，よくよく考えた決断ではないでしょうか。

本来は結論の前に妻のあなたに夫が相談してくれたら，すこしはショックが少なかったかもしれませんね。

そのあたりのお気持ちを夫と話しをすることができるといいですね。

さて，現実的な生活面家計の面を再度考えてみることはやや不安も伴いますが，そこで現実の課題が見えてくると思います。

介護や経済面のこまかなことやそれぞれの専門家に相談なさるとして，このやりとりではあなたの生き甲斐を含めて，今後の生活について，疑問不安迷いや不満等を解消していくことのお手伝いはできます。いかがでしょうか？

ご希望ご要望をきかせてください。

〔解説〕
まずはおきている現実を整理し，今から老後の設計に意識を向け，問題の本質，経済面なのか世間体なのか，本当は自分が働きたくないのか等を考えていく。

第8章 さまざまなメール相談とそのすすめ方　181

　年金や介護等の細かなことについてはあえて触れないで，自分なりの考えの
軸を何にするのかを提案している。

8-4　むずかしい相談

1）退職を含めた相談

♣ 相談

　仕事のストレスでうつになり，休職歴があります。今回また休職に至り，
妻は心配してくれていますが，私は会社をやめざるを得ないと考えていま
す。ただ，子どもも小さいので現在専業主婦の妻が働くのはきびしいと思
います。
　今後のことを考えるとどんどん落ち込みます。それを治療医に伝えると
薬が増えてしまうので，医者に相談もできなくなりました。そのことを
知っている妻は，私には何も言いません。心配してくれているとは思いま
す。
　考えたら私の生き方の相談ですので，医者に相談するのはおかしいです
よね。今回の休職はパワハラがきっかけで，労働組合にも相談しています。
なんだか支離滅裂の相談ですが，仕事のこと，病気のこと，家族の生活と
とにかく将来のことが不安でたまらないのです。

〔解説〕
　この内容が対面相談ではないので，症状の程度がわからない。心配なのは自
殺を含めた事故や自傷行為の危険である。対面であれば「自分を傷つけない約
束」ができるが，メールでは限界である。いろいろな考えはあると思うが，筆
者は対面相談につなげることを当面の目標とする。まずはメールで数回，そし
て対面とメールの同時並行も含めて対応する等，相談者に負担なく相談が続く環
境を提案したい。

2) 長文すぎる相談

相談内容が現状を長文で訴える。長文であっても内容がわかりやすければ，心配ない。あきらかにわかりにくい場合があろう。その時のために事前にリファー先を検討する必要がある。

8-5 相談のすすめ方のまとめ

少ない情報量でできることをする

この章では「見立て」にそって，対応例を複数記述した。違和感もあるかもしれないし，納得する面もあるかもしれない。対面相談でもそうだが，相手のほんの一部しかわからない状態で，相手と確認をとりながら解決の糸口を見つけていく。メールはもっと情報量が少ない。だからこそ，その情報量の中でもできることをすればよい。

それぞれの立場の相談方法を知る

相談という場を離れて日常生活でも，人と人がわかりあうには，お互いの情報交換する気持ちとお互いの読解力理解力が必要である。思い込みや断定をせずに，「……に思う背景には何があったのだろうか」「……選択をしないのはどういう理由があるのだろうか」と想像する習慣である。そしてことばで仮説化，見立てる練習は必要になる。

メール相談や対面相談の業務の経験が少なくても，現実の生活場面から相談対応の学びのヒント見つけてほしい。

TV 番組からの学びの方法

2016 年 6 月 21 日「ベーシック国語」第 10 回「言葉で意志を伝えることが難しいことを知る」という E テレの高校生向けの番組を見る機会があった。「授業の枠を超えて，語彙力や論理的に文章を構築する力を，具体的な事例で学びます。今回は，友情や愛情を表現するさまざまな言葉を学びます」というテーマである。高校生たちがそれぞれの回答を検討する番組である。このような番組でも相談対応の基本を確認することができる。また，新聞の読者相談でも，専門家の答え方から「なるほど」と視点を学べる。

心理面談の技術から

対面相談ではなくてもメール相談でも，さまざまな相談の技法は活かせる。リラクセーション，認知行動療法，交流分析，NLP等どんな技法も学んでいて損することはない。特徴的な概念を理解することで面談に自然に反映できるだろう。そして「人間観」や「ストレス」に関することは広く学び続けてほしい。事例をみたら同時に見立てが立てられないと返事は書けないのである。そのためには，人は何に迷い，どんな気持ちになるかの学びが必要である。

そして，対人関係，仕事環境，育児，介護等社会問題になりやすいことは，日頃から情報収集をして解決の糸口を見いだす視点の理解を重ねてほしい。

文章作成

日本オンラインカウンセリング協会の養成講座等では見立ての練習をし，文章作成の練習をする。受講生の方々はたとえば筆者の見立てに納得するのだが，ほとんどの方が見立てを活かした文章が書けないのである。これが一般的な状況である。いかに書く練習が必要かである。

運動でも音楽でも，先生やトレーナーに教えてもらった時は瞬間的にできる。ただし，1人で練習をしようとおもっても再現できないのと同じで，くり返し練習して自分のものにしていく。

本編で感覚をつかんだら，自分なりの文章を書く練習ができる。何度も書き直して，カウンセラーとしての自分らしい文面ができるまで，くり返し練習ができる。

実際のメール相談でも同じである。何度も書き直していったん時間をおく。そして送信する前に再度見てみると，「ちがう，このようなことを相談者が期待しているのではない」と不思議と気づくのである。このような練習と時間がメール相談の醍醐味である。

見知らぬ相手からメールが届く新鮮なうれしさ，返事がこない困惑，なんとなくつながっているぬくもり感など，対面や電話とは違う感覚を味わうことができるだろう。それがはげみになる。

練習を続けると，「挨拶はどんなふうに書いたらよいだろう」と頭で考えすぎずに，文面読んだ印象をたよりに，自由に書けるようになる。理屈ではなく出逢いの感覚，文面から感じられる実感を大切にしてほしい。

184

コラム 8

ネットトラブルで人生を台無しにしないチェックリスト

　インターネットの使い方は，学校で習うようなものではなく，実際に使いながら慣れる側面が強いのではないか。しかも，最近の機器は説明書を読まなくてもある程度使えるようなものも多い。こうして「なんとなく」使っていく裏でトラブルに巻き込まれたりする場合も少なくはない。

　ここでは，SNS への投稿やメールのやり取りなどで気を付けたい心構えや，インターネットや携帯，スマホを使う上で改めて大切にしたい心構えを確認したい。

　◎投稿をする前に一呼吸置いて，投稿内容を読み直してみよう

　　　□主語・述語など誤解はないか

　　　□感情的でないか

　　　□悪口や差別的な内容ではないか

　　　□秘密情報ではないか

　　　□未確認情報ではないか

　　　□その情報を載せることの了承を得たか

　　　□犯罪行為や悪質行為などではないか

　　　□危険性が本当にないか

　　　□議論をしようとしていないか

　震災時に Twitter などが活躍をしたという報道なども多く，2011 年後半に SNS の利用者が急速に拡大した。その中の 1 つの事例として，Twitter 上で不足している物資を求める投稿が人々の善意でたくさん拡散され，結果として，その声が多くの人に届いた事例がある。しかし，実際にその場所では物資不足は起きておらず，不要な物資が過剰に余ってしまい，結局処分するために費用などが掛

かってしまい，善意のつもりがかえって迷惑となってしまった場合もある。また，行方不明の人を心配する投稿を装って，ストーカーが居場所を突き止めようとしていた事例などもある。人の善意に働きかけるような投稿については，あまり深く考えずに賛同することも少なくはないが，投稿されていることを鵜呑みにはせずに，本当にそうだろうかと考える癖は身につけたい。また，議論については賛否もあるだろうが，限られた文字数で複雑な議論をしようとすると，多くの場合は，炎上することが多いようにも感じる。炎上する可能性も含めて，自分の投稿スタンスを持っておきたい。

インターネットで人生を台無しにしない10か条
1．職場等の人間関係に基づいて苦痛を与えることはSNSでもハラスメントが成立しうる（厚生労働省）
2．SNSなどは現実世界での人間関係の影響を受ける
3．メールやオンラインでの発言は電子的証拠になる
4．個人が特定できる内容は載せない
5．ルールや使い方は常に不十分で未開拓である
6．匿名とはいえ，最終的にばれてしまう可能性は高い
7．冗談じゃすまされない
8．SNSは仲のよい個人間のクローズドな空間ではない
9．完全に無料はあり得ない
10．失職，賠償，命を失うことにつながる可能性がある

（特定非営利活動法人日本オンラインカウンセリング協会理事　中村洸太）

第9章 事例検討
――恋愛に関するメールカウンセリングのやりとりから――

9-1 はじめに

　私たちは人を愛し，また愛されることにより，この現代という空間にあって自分が孤立した存在ではなく，何かと深く「繋がっている」ということを実感する。恋愛を通して人は「人を愛する」ということ，「人から愛される」ということ，そして「ほんとうのやさしさ」ということ等について自分自身をみつめ深く掘り下げ，人間として大きく成長する機会を与えてくれる。

　本事例は，恋愛に関するメールカウンセリングのやりとりを通じ，クライエントの気づきの速度と深さに応じた展開をこころみた事例である。また，相談のはじめに「具体的アドバイスが欲しい」との要望があったため，2クール目のやりとりのなかでメールによるエゴグラム（コミュニケーションのパターンを知るためのテスト）を行い，日常生活における対人関係場面で，具体的なアドバイスを盛り込みながら展開した。エゴグラム（Egogram）とは，アメリカの精神分析学者エリック・バーンの開発した交流分析法を元にアメリカの心理学者 J. M. デュセイが作った性格診断法である。人間の心のあり方を，CP（厳しい心），NP（愛性の心），A（大人の心），FC（自由な心），AC（順応する心）の5つに分類して，各要素の高低をグラフ化し分析を行う。

　以下，主に1クール目のやりとりを中心に解説していく。

9-2 メールカウンセリングの展開（1クール目）

第9章 事例検討―恋愛に関するメールカウンセリングのやり取りから― *187*

以下は，山口愛子さん（仮名）の事例である。山口さんは 30 歳の OL で，独身。九州の実家から離れ，東京で一人暮らしをしている。（なお，事例の内容については，本人のプライバシー保護の観点から事実を修正・改変し，本人を特定できないようにしている。）

♣ クライエントの初回書き込み内容（抜粋）

はじめまして。同じ職場にいる 8 つ年上のバツイチの彼氏（38 歳）との関係について相談させていただきます。

彼とは 2 年半ほど前から付き合い始めました。それが，些細なすれ違いから，突然連絡が途絶えてしまったのです。

（中略）

彼はとても忙しい人で，いつも私の方が予定を全面的に彼に合わせ，ふたりで会う時間をつくっていました。彼はそれを当たり前のことと思っていたようです。仕事以外のときでも，彼はいつも自分が好きなこと（魚釣り）や友達との飲み会を優先し，友だちと出かけて行ってしまいます。一方，私のほうは彼を優先するあまり，友だちとの約束をすっぽかしたり，ドタキャンしたりすることが多くなり，私の友人関係は希薄なものとなってしまいました。

私の生活は全て彼を中心に動いていたので，彼がいない休日などは，何とも言えない孤独感と虚しさにおそわれます。

ただ，彼が一方的に悪いと言っているわけではありません。彼は悪気があってしているのではなく，本当は繊細で，寂しがり屋です。きっと私に対して子供のように甘えたいだけなのかもしれません。

今の私に何かできることはありますか？　私はどうしたら良いのでしょうか。アドバイス，よろしくお願い致します。

〔解説〕

初回（1 回目）の相談書き込み内容である。恋愛のことについて相談されるクライエントに多く見られる内容である。全体的には，これまで溜め込み，抑

圧してきた感情などが一気に表現されている。表記としては，なるべく冷静さを保とうとしている様子が窺えるが，文章の長さや，最後のクライエントが自分自身に向けた表現や，カウンセラーに対する救援的表現などから，切羽詰った感じや虚しさ，そして孤立している空気を感じた。クライエントの視点から眺めた，平面的かつ主観的な彼との二者関係が記されている。

♣ クライエントの2回目書き込み内容（抜粋）

　先生ありがとうございます。いただいたメールを読んでいたら，涙が止まらなくなりました。メールの内容を何度も何度も読み返しています。
　（中略）
　彼は職場で私の先輩にあたる人なのですが，ある時，彼に仕事のことで質問されたことに対して「わかりません」と答えたところ，彼が急に子供のように怒り出したため，私は「何でいつも私のせいなの」と言い返してしまいました。今から思えば，人前で彼に恥をかかせたことを後悔しています。付き合いだして約3年の間に，積もり積もったものが爆発してしまったのかもしれません。次の日からです。彼から一切連絡が来なくなってしまいました。
　私はこれまで，彼に対して怒りをあらわにしたことはほとんどありません。相手を失うような気がして，そして自分さえも失うような気がして，怒りをあらわにすることが怖いのです。
　彼との関係だけではありません。友人や職場の人間関係においても，私が悪くなくても謝ったり，衝突を避けたりしてついその場を取り繕ってしまうのです。
　（中略）
　何もかも失ってしまったようで，最近は気づくと泣いています。私はどうしたら良いのでしょうか。

〔解説〕
　2回目の相談の書き込み内容である。前回のカウンセリングの対応後，すこ

第9章　事例検討—恋愛に関するメールカウンセリングのやり取りから—　189

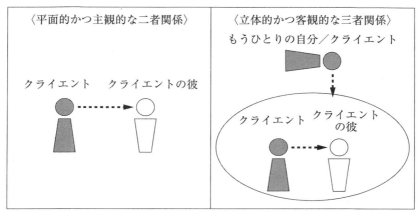

図9-1　2次元的なシチュエーションから3次元的は立体感形成へ

し冷静さを取り戻し，彼との関係という〈立体的かつ客観的な三者関係〉へと話題が移行しつつある。つまり，2回目のメールの内容が自分の主観から見た相手という2次元的なシチュエーションから，2人の関係をもう1人の自分が見ている，という3次元的な立体感を持ち始めた。(図9-1)

♣ クライアントの3回目（1クール目の最後）の書き込み内容（抜粋）

徐々に自己洞察を深めていくクライアント。

> こんにちは。久しぶりに，気持ちが楽になりました。先生からいただいたメールを，何度も読み返してみました。そして今回思ったことを素直に書いてみることにしました。
> 　私は，4人姉妹の長女で，いつも妹たちのために「我慢」することを教えられてきました。母は共働きでしたので，いつも私は小さなお母さん役として自分よりも妹たちのことを考える癖がついていて，それが家族の中での自分の居場所だと勘違いしていたのだと思います。おそらくそれが成長して自分のことよりも人のことを優先するのが当然の感覚で生活していました。
> 　（中略）

自分の感情を表に出すことはほとんどありません。特に怒りや寂しさは出せないです。出してはいけないと感じてしまうのです。今は人と関わることがとてもつらいです。こんな私ですが，幸せになれるでしょうか。

♣ 終了後の感想

　いつもお返事を心待ちにしていました。毎回お返事を頂いた後は，自分がやさしい気持ちになれ，とても気持ちが落ち着きました。丁寧なお返事が心に沁みて，私自身の煮え切らない思いを消化できてきたように思います。もうすこししたら先生が言われたように，自分の気持ちを素直に彼に話したいと思います。結果はどうであれ，きっと何かをつかめると思います。そして今回は，すこしずつ自分の気持ちや性格，対人関係の癖をつかむきっかけになったように思います。これからすこしずつ「自分と向き合う」努力をしていきたいと思います。本当にどうもありがとうございました。さて，前回ご提案いただきました「自分を知る」というセッションですが，まだまだ自分の知らない自分がいるようです。是非引き続き受けてみたいと思います。よろしくお願い致します。

〔解説〕
　過去の自分自身を整理し，肯定的に受け止めることができるようになってきている。そのため，〈過去─現在─未来〉が繋がり始めており，未来に対して信頼感をもてるようになってきている。山口さんは恋愛を通じて〈根源の自己〉を見つめ，自分自身との出会いを通じて〈自分らしさ〉を取り戻し，そのようなこころの変遷を通じて，精神的な成長を果たしたといえるのではないだろうか。

9-3　まとめ：カウンセラーの対応について

1)　全体の構造
これまで1クール目のクライエントの視点（書き込み内容）を中心に解説し

てきたが，ここではカウンセラーの視点から（2クール目も含めて）まとめて
みた。

《1クール目（3往復）》

◇1回目の返信―〔受容・共感〕

　具体的アドバイスが欲しい，というオーダーはあったものの，クライエント
の初回の書き込み内容から，まだまだ感情面の受け止めが必要と感じたため，
1回目の返信ではイメージングおよび感情移入を心がけ，いただいた文章を何
度も読み返し，Co自身が何を感じたか，受容的表現にのみ意識を集中して返
事を書いた。

◇2回目の返信―〔自己洞察を深めていただく返し〕

　クライエントには「詰問」ととられないよう十分注意し，今回の出会いの意
味をクライエント自身はどうとらえているか等，ソフトに質問を返した。クラ
イエント自身の心の奥深くの感覚・感情に素直に生きることを示唆し，自己洞
察を深めていただくような対応を意識した。

◇3回目の返信―〔振り返りと課題の明確化／次セッションのすすめと動機づ
　　け〕

　ここでカウンセラーは，これまでのやりとり（カウンセリング）の振り返り
を行い，そして最後に今回の機会をさらに人生を豊かにするためのきっかけと
していただくため，1クール目のやりとりから見えてきた課題について掘り下
げた。「クライエント自身の自己理解のきっかけ」となるよう，そしてそれを
「実際の人間関係の場面に生かしていく」ということを課題として提示し，次
のセッション（2クール目）の利用について提案した。

《2クール目（3往復）》

◇1回目の返信―〔エゴグラム：提示〕

　前回（1クール目）の振り返りと，エゴグラムの説明をした。

◇2回目の返信―〔エゴグラム：解説〕

　それぞれの要素の説明の後，山口さんの結果と特徴について詳しく解説した。

（略）

　山口さんは，「A」の特徴が一番出ています。つまり，外界や自分自身について，事実にもとづいて論理的に判断し，行動することが多いのではないでしょうか。しかし理論の世界では矛盾がないことであっても，恋愛など人の「情」にからむことになると，なかなかセオリー通りにはいきません。恋愛は予想のつかない展開が多く（それがまた喜びなのかもしれませんが）人生の中で最もコントロールがきかないものであると言われています。恋愛関係にあっては相手が心変わりするかもしれない，そして相手が心変わりしなくても，自分自身の気持ちが冷めてしまうということもあります。つまり，恋愛においてはAのタイプが得意とする「外界や自分自身について，事実にもとづいて論理的に判断し，行動する」ことは難しいということです。そのため，自分自身のやり方をすこし変えてみて，エゴグラムで第2位・第3位であった「NP」と「AC」の長所・短所を意識していくことが大切です。つまり，受容・共感，他人に優しい，場の雰囲気や気持ちに流されやすいといった女性性や母性に代表されるNPの特徴と，つねに周囲に気兼ねし，相手の顔色をみて発言や行動をする，いわば"よい子"に代表されるACの要素です。NPやACは山口さんの〈親〉や〈子〉の自我状態で，自己否定・他者肯定が強い苦労性の方に多く見られるかたちです。それら特徴をしっかりと意識化し，認識されたうえで，今一度，NPやACの行き過ぎにブレーキをかけ，上手く調整をはかりながら，その長所が生かせる場面で自分自身を解放してみてください。

◇3回目の返信—〔エゴグラム：応用〕

　クライエントの「当たってるなあということ以外，今ひとつピンとこない」という書き込みに対して，これまでの相談（書き込み）の中で出てきたエピソード（職場やプライベートの場面）を実際にいくつかピックアップし，実際にどのように応用するのか，日常生活場面における生かし方（結果の活用の仕方）について説明させていただいた。

2) 1回ごとの構造

クライエントの書き込みに対するカウンセラーの返信内容のシナリオは，概ね次のような流れである。

①はじめに―〈挨拶〉

②ねぎらいの言葉をサポーティブな言葉で伝える―〈受容〉

③クライエントのつらい状況を理解し，寄り添う気持ちであることを表現し伝える―〈共感〉

④クライエントの言葉や表現を別の面から捉え直したり意味づけしたりする―〈リフレーミング〉

⑤さいごに―〈次回に向けての目標の設定〉

9-4　考察

カウンセラーはクライエントの状況が見えないこと，そして1クールの中でのやりとりの回数に制限があることなどから，カウンセラー自身がクライエントの状況を把握し，早く役に立ちたいというあせりや不安を抱きやすい構造があり，クライエントのペースに合わせた展開をはかりづらい部分がある。そのため，今回の事例ではクライエントのペースに極力合わせた展開を試みた。

今回の事例に限ったことではないが，実際の対面式のカウンセリング場面における非言語的コミュニケーションの部分を，メールカウンセリングにおいては如何に意識して文字や文章全体から，その行間にあるものを感じ取り，またクライエントに伝えることができるかが課題である。

クライエントとのやりとりを通じ，その難しさと工夫し続けることの大切さを感じた事例であった。

第10章 オンラインカウンセリングの展望

10-1 LINE の普及

　本章では，これからのインターネットを介したカウンセリングについて考えてみたいと思う。2016 年現在において，幅広く利用されているコミュニケーションツールの１つは LINE であろう。

　LINE の運営会社によれば，2016 年４月〜６月の時点での国内利用者は 6,800 万人を超えており，日本の人口の 53.6 ％が利用をしていることを考えると，インフラとしての役割を果たしているといえよう。学校の連絡網はクラス全員のグループに一括で連絡され，プライベイトでも予定ごとの参加者のグループが作られて，事前の連絡から終了後の写真などの共有までが行われる。名刺に LINE の ID が記載されており，簡単な連絡はこちらにくださいという方も見かける。LINE を毎日利用しているユーザーの比率は 70.8 ％であり 4,800 万人以上の人が１日１回は LINE を使っているということになる。筆者が LINE も含め何かしら連絡をすることを伝える意味で「また，メールします」と言ったら，「LINE でお願いします」と念を押されたこともある。通話も可能となっているので，メールや電話は利用せずに，LINE が最も日常的なコミュニケーション手段になっている人は，かなり多いのではないか。そして，それを支えているもののひとつは第１章でも触れたが，スマホの普及が考えられる。

　生活におけるインフラとしての定着が目覚ましいが，利用者の内訳をみると半数近くがビジネスマンであり，ビジネスインフラとしても浸透している様子が見られる。しかし，機密情報が LINE のやりとりから流出する事例もあるの

で，おしゃべり感覚でノリと勢いで利用ができる LINE を企業で使うのはリスクが伴う。しかし，LINE という即時性に強いチャットを業務で活用できるメリットは大きい。実際に，企業向けにビジネスチャットの展開も始まっている。

10-2 チャットの利便性

総務省の調査を見ると，20 代のスマホ利用者の 6 割以上がチャットを利用している。また，悩みを打ち明ける際に，対面以外の方法として 20 代以下の約 50 %，30 代の約 40 %が LINE 等のチャットや SNS を利用している現状がある。平日における LINE などのソーシャルメディアの行為者率[1] は，28.3 %と，携帯通話の行為者率を上回り，コミュニケーション系のメディアの中でも 2 位となっている。

> [1]：行為者率とは，平日については調査日 2 日間の 1 日ごとに，ある情報行動を行った人の比率を求め，2 日間の平均をとった数値のこと。

1 位であるメールの差はあるが，この差はしだいに縮まっていくのではないかと思われる。また，メールと LINE とチャットでは，特徴も異なってくるので，どちらかが生き残るというよりは，使い分けが進んでいくのではないかと思われる。LINE はおしゃべりや簡単な情報共有や画像などの共有として使われる側面が強いが，ビジネスシーンでのやりとりなどプライベイトではないやりとりや，長い文章などはメールの方が強い印象もある。社外連絡はメール，社内連絡はチャットと使い分けている企業も多いだろう。社外とのやりとりは引き続きメールがメインとなるのであれば，チャットを導入したからといってメールが不要になるということはない。コミュニケーションの方法が増えると考えるのが妥当であろう。

つまり，チャットを業務に活用する企業が増えているのは，一時的なブームや先進的企業の事例ではなく，デジタルネイティブの時代におけるコミュニケーションインフラに関する変化であると考えられるのだ。

チャットの強みを従来のメールや電話と比較して考えてみると，即時性とプレゼンスの把握があげられる。まず，即時性，つまりリアルタイム性について

だが，簡単にいえば，スピード感が断然早いのだ。「お疲れ様です」から始まり，メールを作成する際には，要件とは別の体裁を整えるためのあれこれを書き記す必要が出てくるため，思いのほか，腰を上げにくい側面がある。メールと違って，かしこまった文章を書く必要がないことは，チャットのリアルタイム性を高めている理由の1つと考えられる。用件だけを端的に書けばいいので，お互いのレスポンスも早くなりやすく，自分の送った内容が相手に読まれているかどうかを示す「既読表示機能」がある。これは他のビジネスチャットにおいても，「離席中」「取込中」「退席中」など相手のログイン状況が表示される機能がある。メールは開封の有無は一部機能で確認もできるが，チャットであれば，リアルタイムなやりとりが可能な状況にあるかどうか，相手が内容を確認しているかどうかがわかることも，コミュニケーションの取りやすさに影響を与えている。既読になったのに，返信がこないことで悩んでしまう「既読スルー問題」や，いつまでも既読にならないことで悩んでしまうことなどがLINE では話題にはなったが，この機能によって送信のタイミングを計れるのは，強みでもある。

10-3　チャットカウンセリングの可能性

　総務省の調査にもあるように，相談を打ち明ける際に LINE や SNS などを活用している人が若い世代を中心に増えてきていることを考えると，カウンセリングの方法の1つにチャットによるカウンセリングの手法の開発も必須であると考えられる。いや，すでにチャットによるカウンセリングを取り入れているカウンセラーも少なくはない。

　わざわざカウンセリングの場に行かなくても，悩んだ際にリアルタイムで相談ができることは便利であり，同じような特徴を持つ電話カウンセリングよりもさらに敷居は低い。企業の中には Web ページの問い合わせの窓口のひとつとしてチャット窓口を設けている場合もある。LINE の扱いにも慣れていると，問い合わせのやりとりも同じような感覚でやり取りができるので便利である。参考の URL や，データのやりとりも可能であるので，場合によっては電話よりも早くことが進む。そして，記録も文字として残るので，あとで見返すこと

ができるのもありがたい。とあるカウンセラーは対面の相談を基本としているが，LINE などのチャットを用いて，必要に応じたフォローアップをしている。依存傾向との兼ね合いも懸念されるが，利用の仕方の枠組みを設ければ効果的な活用が望めそうである。カウンセリングの現場でもこうしたチャットを用いた手法の研究・開発が望まれる。

　しかし，残念ながらチャットカウンセリングに関する研究は現在それほど多くはない。CiNii（国立情報学研究所）の学術論文データベースを参考に「チャットカウンセリング」と全文検索をしても，2016 年 6 月末の時点では 1 件の研究に留まる。

　オンラインカウンセリングは，対面カウンセリングの代替や補完としても有効であると考えられる［松田・岡本，2008］ので，今後研究が進むことを願ってやまない。松田ら［2008］の先行研究や，メールカウンセリングの特徴やここまでのチャットの特徴を踏まえた際にチャットカウンセリングが力を発揮できるであろう特徴を考察し，まとめることで今後の研究の礎としていければと思う（表 10-1，表 10-2）。

表 10-1　チャットカウンセリングのメリット

・対面相談や電話相談に比べ，利用の敷居が低い（非匿名性）
・困ったときにすぐに利用ができる（即時性・リアルタイム性）
・自分の返信を文字にするので，すこし間を置くことが可能（ペースの確保）
・操作が慣れている人にとっては利便性がとても高い（IT との親和性）
・忙しくて，相談時間の確保の難しい人が移動中などに利用可能（利便性）
・問題解決や情報を取得したい人にとっては，やり取りをしながら解決方法を
　検討可能（問題解決性）
・情報提供がしやすい（URL や問い合わせ，データのやり取りなど）（具体性）
・カウンセラーにとっての利点：
　　カウンセラーも困った際に，その場でスーパーバイズを求めやすい
・相談者の特性：
　　自己内省が比較的得意な人には，チャットの往復で内省を深めることが可
　能

表 10-2　チャットカウンセリングの難しさ・課題

・操作が慣れていない人にとっては，文字の入力や操作事態が困難でありスト
　レスとなりうる
・文字入力の時間に差が生まれると，ストレスを感じそう
・文字でのやりとりが中心となるので，互いの状況が見えにくい
・文字を書き出すことが苦手な人にとってはかえって混乱につながる可能性
・情緒的な寄り添いの場合，着地地点が見えにくそうである

　以上を仮定とすると，チャットの操作にある程度慣れていて，自分が悩んで
いることがある程度明確であり，内省が得意な人には一定の効果を発揮できる
のではないだろうか。具体的な技法でいえば，ソリューションフォーカスアプ
ローチ（解決思考短期療法）や認知行動療法，SST（ソーシャルスキルトレー
ニング）などの分野では活用が期待できそうな印象がある。

10-4　ビッグデータの活用と IoT

　鈴木［2011］によると，ビッグデータとは事業に役立つ知見を導出するため
のデータであり，ビッグデータビジネスとはビッグデータを用いて社会・経済
の問題解決や，業務の付加価値向上を行う，あるいは支援する事業と定義して
いる（図 10-1）。
　総務省は，ビッグデータの特徴として，多量性，多種性，リアルタイム性等
を挙げている。これまでに生成・収集・蓄積等が不可能であったデータがイン
ターネットの普及により可能になったり，これまでよりも容易になってきたり
しているのが現代である。異変の察知や近未来の予測等を通じ，利用者個々の
ニーズに即したサービスの提供，業務運営の効率化や新産業の創出等が可能と
なる点に，ビッグデータの活用の意義があるものと考えられる［総務省，
2012］こうしたビッグデータの生成・収集・蓄積・分析等をする際に，技術
やインフラが十分に進んでいない課題があった。その解消のために開発や整備
をしようという動きの中で，着目されたのが IoT である。
　IoT は Internet of Things（モノのインターネット）の略語であり，「アイ

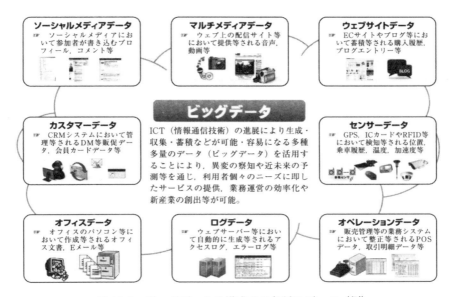

図 10-1　ビッグデータを構成する各種のデータ（例）

(出典) 情報通信審議会 ICT 基本戦略ボード「ビッグデータの活用に関するドホックグループ」資料

オーティー」と読む。インターネットは当初パソコンでつながるイメージが強かっただろう。しかし，2007 年に iPhone が発売されて以降，スマートフォンやタブレットなどがインターネットにアクセスする一番身近なデバイスとなっている。近年では，デジタルカメラで撮影した写真や映像データをインターネットを介して共有することも一般的になっている。IoT は，こうしたパソコンやデジタル機器だけではなく，それ以外のさまざまな「モノ」をインターネットに接続することを意味している。人間や動物の行動，自然現象から私たちはたくさんの情報を得ることができる。これらの情報を集め，可視化することでさまざまな問題を解決することが望まれる。飼っている猫の様子を離れた場所で確認したり，自宅の施錠状況を確認したり，ある場所の温度や気圧，湿度や照度を計測したりするなど，あらゆる「モノ」がコミュニケーションをするための情報伝送路になるのである。

社会においては，たとえば，2012 年 12 月に山梨県の笹子でトンネルの天井

板が落下する事故が起きた。事件後，再発防止の取り組みとして「ICT 技術活用による監視など新たな技術の導入を積極的に行うことで，点検や 補修に関する技術の高度化を図り，点検から補修までの業務プロセスの確実性と 効率性を向上させる」旨を中日本高速道路株式会社は安全性向上に向けた取り組み［2013］の中で報告している。こうした事故の未然防止の活用にも役立てる IoT の発展が期待される。

　こうしたビッグデータや IoT もカウンセリングの分野で活用ができる伸びしろを感じる。服薬をしているクライエントであれば服薬状況，睡眠時間や 1 日の活動状況などの生活リズムや血圧などの基本的なバイタル情報などのパーソナル情報をインターネットを介して共有できることは，カウンセリングのうえでも役立てることが可能ではないだろうか。たとえば，本人が自覚しにくい血圧や脈拍に大きな変化があった時とその時に起きていた状況を振り返ることで何か新しい気づきを振り返ることができるかもしれない。もちろんクライエントの抵抗感などを含む倫理的な問題や個人情報の取り扱いにも十分注意を払う必要がある。

　近年は，ビッグデータや IoT の時代といわれるが，これらの膨大な量のデータが得られるようになったが，その一方で膨大なデータを扱う側がふりまわされている現状も垣間見える。価値のある膨大なデータをどのように解析し，活かしていくかという点については未だ課題も多く，個人情報を扱う際のセキュリティに関しても更なる整備が求められる。

　本章ではチャットとビッグデータについて取り扱ったが，映画「サマーウォーズ」に出てくるような仮想空間や，立体映像によるカウンセラーの訪問，人工知能によるカウンセリングなどさまざまな可能性が考えられる。インターネットに限らず，文明の発達が進む中で問題や課題が生じることは決して珍しいことではないが，問題点や課題点ばかりに焦点が当たりがちである。問題点は解決していき，利便性を伸ばしていき，より過ごしやすい社会を目指して，取り組んでいくことが求められる。そして，どれだけ機器が発展していても，人の心がなくなることはないだろうし，私たち支援者はいかなる媒体を用いるにしても，その人の心に寄り添うことを忘れてはならない。

〔参考文献〕

LINE 2016 年 4 月 - 6 月期 媒体資料 LINE 株式会社 コーポレートビジネスグループ

松田英子・岡本 悠 2008 教育相談におけるオンラインカウンセリングの利用可能性に関する展望 メディア教育研究，5（2），111-120.

総務省 平成 24 年版 情報通信白書のポイント

総務省 平成 26 年情報通信メディアの利用時間と情報行動に関する調査 報告書

総務省 平成 26 年 ICT の進化がもたらす社会へのインパクトに関する調査研究

総務省 平成 27 年 社会問題解決のための新たな ICT サービス・技術への人々の意識に関する調査研究

鈴木良介 2011 ビッグデータビジネスの時代 翔永社，p.14.

中日本高速道路株式会社 安全性向上に向けた取組み 2013 年 1 月 30 日

第11章 インターネットと倫理

11-1 インターネット上における課題

　2006年に『メールカウンセリング―その理論と技法の習得と実際―』が刊行されてからのこの10年で，インターネット世界のあり様の進化，広がりはあえて述べるまでもない程で，凄まじく変わっている。10年前はまだ，「インターネット＝パソコンでつながる」が一般的であった。しかし現在ビジネスシーン以外でのパソコン使用者は，少数派ではないだろうか。そのようなものは持たなくても，スマートフォンでなんでもできる時代になった。24時間ネットにつながって暮らしている社会だ。言い換えれば，ネットを介していつでもどこでも人とコミュニケーションがとれる。そして，一般の人が手軽にオープンなネット社会に発信できてしまう。そのような時代背景で，カウンセラーのモラル，メールカウンセラーのあり方はどのように変わってきているのであろうか。あるいは変わらないのか。

　オンライン相談というと，今は似た機能を持つものとして「Yahoo 知恵袋」を思い浮かべる方も多いだろう。他の運営会社による類似のサイトもあり，何かを知りたくて検索をすると必ずといってよい程ヒットしてくる。この知恵袋には専門家ページもあり，600名強（2016年7月現在）が登録されている。たとえば，私たちと近い活動分野でみると「心と体」のカテゴリーには「○○心理カウンセラー」「メンタルカウンセラー」などの肩書で専門家登録されており，相談件数も多い方だと1日に10件近く回答されており，相談ニーズの高さがうかがわれる。これはこれで，悩み解決のデータベースとして付加価値の高いプラットフォームになっている。

「相談」×「オンライン」ということでいえば「知恵袋」的なサイトは，オンラインカウンセリングと似ているところはある。しかし，公開相談であるということ，やりとりではなく投稿して完結する形態，相談した側も好みの回答が得られればよく内省を深める場にはなりにくい，などの限界がある。閉ざされた場での1対1のやりとり，による効果を，私たちは追求している。それには，それ相応のカウンセラーとしての基礎力と，メールカウンセリングの訓練を必要とする。

日本オンラインカウンセリング協会が養成するオンラインカウンセラーは，カウンセラーとしての倫理に則り，専門的な訓練を受けたプロフェッショナルとして，相談者の利益に資するよう支援を行うことをベースとしている。時代や状況は変わっても，基本的なところは変わらないというスタンスは「はじめに」でも触れた通りである。それはカウンセラーが最低限押えておくべき基本的な価値である。相談者は安心して相談ができ，秘密は守られる。人権を害されることはない。

ただ，カウンセラーとしての基本倫理に加えて，ことインターネットインフラ，オンラインのツールを使った支援活動を行う上で，オンラインカウンセラーにはテクノロジーを適切に使いこなすリテラシーの高さが求められる。この点においても絶えず研磨していかなければならない要素だと考える。

恥ずかしながらあえて筆者の痛い失敗経験を語る。企業での採用活動の一環で起きてしまった事故だ。昨今特に中小企業においては人手不足感が高まり採用難の状況である中，ターゲットをダイレクトに囲い込めるSNSによるソーシャルリクルーティングが有効であるといわれる。ならばチャレンジしてみようと，あるソーシャルメディアのアカウントを作成した。その際うっかりと何かの選択（チェックをはずすべきところはずさなかった，等の類）を誤り，当時業務上メールで送受信歴のあった全件約400件に対し，一瞬のうちに「つながりませんか」のお誘いメールがとばされてしまった。その後しばらく社内外からの問合せが続き対処に追われ，誠に身の竦む体験であった。カウンセリングと直接関係する話ではないが，日々進化するネットやソーシャル，ITの機能，操作法に十分な理解がないまま利用することの怖さの一例として挙げた次第である。カウンセリングにおいてITツールを活用するにあたっては，十分

すぎる慎重さが求められるのだ。操作に自信がない，新しいソフト等初めて使用する，などの場合には，一定のトライアルを経てみてから本番に臨むことをお勧めする。

　また，機器の適切な管理，ということも怠ってはならない。これもまた筆者の失敗談で恐縮だが，使用していたパソコンに不調の片鱗があったにもかかわらずまだ大丈夫だろうとすぐに対処をせず，2，3日使い続けてしまった。そして突如起動不能になり，パソコンはただの箱に，結局膨大なローカル保存のデータがあっけなく消失してしまった。こういったハードのトラブルもいつ起きても不思議ではないことを耐えず念頭におき，データのバックアップなど万全に行っておく必要がある。筆者の場合，かろうじてクラウドサーバーに退避させておいたいくつかの最重要データについては難を免れたのが不幸中の幸いであった。しかし，プライベートの写真データ等をバックアップしていなかったのは痛恨で，データ復帰処理専門店に持ち込んだところ，新規PCが2台購入できる見積りとなったため，泣く泣く諦めた経緯がある。以降は，クラウドサーバーでの管理を徹底し，メールも別の端末から確認できるような策を講じた。データの消失だけであればまだしも，これがウイルス感染による個人情報の流出，などということになれば，取り返しがつかない。ウイルス対策を万全に行っておくことも，必須である。

　実に基本的なことなのだが，ハードにしてもソフトにしても，めまぐるしく技術が進化し，逆に言えば今最新のものもすぐに陳腐化してしまう，という状況下で，オンラインを活用しての支援を行う者は，日々先端事象をキャッチアップしておかなくてはならない。年代によってITは苦手，という人も多いと思われるが，常日頃からチェックするIT系の情報ポータルサイトを持っておくとか，情報交換コミュニティの参加や身近に師を見つけるなど，それぞれに工夫を凝らして，オンラインカウンセラーとしての進化を続けてほしい。

11-2　オンラインカウンセラーの倫理

　日本オンラインカウンセリング協会は，NPO団体として取り組むべき社会貢献活動のひとつとして，「無料相談室」を2015年より再開した。この相談室

をリニューアルオープンするにあたり，倫理規程をふまえた運用についてあらためて JOCA 内で検討したポイントについて触れてみたい。

　JOCA 無料相談室とは，登録ユーザーのみが閲覧可能な専用ログインページ上への書き込みによって，カウンセラーとの相談ややりとりを行えるシステムである。相談者の年齢制限なども設けておらず，日本語の読み書きが可能でネット利用環境があれば，誰でも利用が可能だ。無料ということに加え，匿名での利用とし，敷居を低く設定した。したがって，個人情報を直接取得はしない。それにより個人情報保護上のリスクは回避できる。しかし，危機介入を要するようなケースについての課題は残る。その点はあらかじめ「利用規約」の中でルールを設け，相談者に注意喚起を行っていくことにした。インフォームドコンセントにあたるところである。

　一方カウンセラーの扱いに関しても，本名は公開せずにニックネームと簡単なプロフィール紹介のみ，掲載することにした。相談者側からは，カウンセラーの名前もそうだが，顔写真など，より詳細な情報があるにこしたことはないだろう。しかし昨今のなにがきっかけで標的にされてしまうかわからない時代状況の中で，無用なトラブルを避け，またそうした事態を恐れてのカウンセラー側からの心理的な抵抗を減らし参画しやすくするために，今回はあえて匿名でいくことにした。とはいえ，カウンセラーは当協会の「オンラインカウンセラー養成講座」を経て，認定試験に合格したものに限定しており，クオリティ面での一定程度の保証はもちろんだが，所属が明らかな点は全くの不特定匿名者とは異なる。

　以上が，大まかな「無料相談室」サービスの枠組である。

当相談室利用規約

1．基本方針
特定非営利活動法人日本オンラインカウンセリング協会（以下，当相談室）は，オンラインカウンセラーがその技術を高めること，オンラインカウンセリングの技術を社会に還元することを目的として，日本オンラインカウンセリング協会が運営しております。

当相談室においては，ウェブサイト内に「利用規約」を設けています。また必要に応じ，「利用規約」に付随する各種ガイドライン等も設ける場合があります。相談の受け付けには，利用規約の同意が必要です。この同意には，各種ガイドラインも含まれます。

2．適用範囲
本利用規約及び各種ガイドラインは，当相談室の相談において提供されるすべてについて適用されます。

3．禁止行為
当相談室においては，以下の行為を禁止します。
公序良俗に反する行為
第三者の人権を侵害する行為
第三者の知的財産権を侵害する行為
第三者に迷惑又は損害を与える行為
ウイルスなどで情報資源を破壊する行為
返信の複製，改ざん，転載等の行為
情報資源への不法侵入を目的としたプログラムを作成及び配布する行為
その他，当相談室，並びにシステムの正常運営を妨げる行為

4．返信
当相談室は，所定の講座等の訓練を受け試験に合格したオンラインカウンセラーによって行われております。誠心誠意対応致しますが，ご相談者の方の状況が確実に改善や解決すること，またご相談者のご希望に必ず沿うことは保証しかねます。
当相談室では，安全，病名の診断や治療方法の提示，現在受けている医療の是非の判断等，医療行為にあたる内容，並びに法律，税務等専門的知識を必要とする相談には対応できません。専門の医療機関，法律専門機関，警察等でのご相談をおすすめします。
当相談室では，パソコン・携帯電話使用によるブラウザ・メールソフトウェア等の設定方法，使用方法等に関する相談には，一切対応できません。
当相談室では，法令に違反するもの，脅迫的なもの，相談と判断できないもの等については，一切対応できません。
当相談室では，その他禁止行為に関する相談には，一切対応できません。
当相談室では，これら対応できないご相談内容に対しては，返信を行わないこ

とがあります。

ご相談を送信頂いてから当相談室オンラインカウンセラーの返信が届くまで，原則3日以内には返信をお送りいたしますが，5営業日が経ってもご返信がない場合は，事務局までご連絡ください。お急ぎの場合は，各種電話相談等をご利用なさることをおすすめします。また，カウンセラーが返信をお送りしてから，2週間以内にご返信が無い場合は，相談は終了と判断させていただきます。

自傷他害の恐れがあると当方が判断した場合のご相談は承れませんので，ご了承ください。本サービス利用中に自分や他者の命を脅かすような行為，もしくはそれをほのめかす発言であると担当カウンセラー及び当法人が判断した場合は，利用停止となります。

また，混乱が生じる可能性があるため，テーマが異なるものであった場合においても，同時に複数のカウンセラーに相談をすることはできません。

別のカウンセラーへ相談をしたい場合は，現在の相談を終了してから改めてご相談ください。そのような行為を発見した場合は，ご相談をお断り，または利用を停止させていただく場合もございますので，ご了承ください。

5．機器
当相談室のご利用にあたっては，パソコン・携帯電話・インターネット回線などの設備・通信費，ブラウザ・メールソフトウェア等の一切を，自己責任と自己負担においてご用意願います。当相談室では，設定方法，費用，導入等による一切について保証できません。

6．システム
当相談室におけるシステムは，安全対策を講じておりますが，システムやプログラム，ネットワーク等の完全な安全を保証するものではありません。システムやプログラムにエラーや不具合が生じた場合は，最善の対処をするよう努力いたしますが必ず修正・改善する事は保証できません。

当相談室では，相談文は暗号化して第三者に見られる事なく当相談室のオンラインカウンセラーが受け取ります。返信は，申告いただいたメールアドレスにメール送信致します。ご了解の上，ご利用ください。

7．運用
当相談室のウェブサイト，システム，利用規約などは，予告なく改変・停止することがあります。その告知は当相談室のウェブサイトにて致します。

当相談室に寄せられたご相談内容は，オンラインカウンセラー，スーパーバイ

ザー，並びに委託業者の間でのみ共有されます。

必要に応じて，ネットワーク利用状況の把握をすることがあります。

当相談室の利用において，不適切な行為によって損害が発生した場合，費用・賠償金の負担（弁護士費用を含む）を請求することがあります。

オンラインカウンセラーは全て匿名です。自ら名乗ることはありません。

当相談室では，ご相談者の個人情報を秘守致します。詳細はプライバシーポリシーをご覧ください。

当相談室では，禁止行為に関する相談等の場合は，警察へ情報の提供をするなどの対応をします。 また，犯罪予告や自殺予告などの記載があった場合は，ご相談者の安全を最優先に考え，「警察庁サイバー犯罪対策 http：//www.npa.go.jp/cyber/)」に情報提供します。

相談室のカウンセラーは，ベースとして当協会の掲げる倫理規程（212ページ）に則って対応するのだが，登録にあたっては運用課題をクリアするべくさらに「カウンセラー登録規約」を設けることにした。

JOCA 無料相談室 カウンセラー登録規約

1．相談室運営趣旨
特定非営利活動法人オンラインカウンセリング協会無料相談室（当相談室）は，特定非営利活動法人日本オンラインカウンセリング協会（以下，当協会）が，オンラインカウンセラーがその技術を高めること，オンラインカウンセリングの技術を社会に還元することを目的として，日本オンラインカウンセリング協会が運営しております。

2．自己研鑽
当相談室のカウンセラーとして登録されるオンラインカウンセラーの方々には，相談対応に対する継続的な自己研鑽を行って頂くことを期待します。自己研鑽の方法は問いませんが，当協会主催のスキルアップ講座への参加状況，また相談者からの評価や相談対応の状況によっては，管理者からご連絡をさせて頂く場合もあります。その結果，オンラインカウンセラーとして逸脱していると認められる場合は，当相談室のオンラインカウンセラーとしての登録を停止させ

ていただく場合もあります。

3．返信期限
相談者からの相談が届いてからオンラインカウンセラーが返信を返すまでの期限は5日間です。返信期限は厳守してください。期限を過ぎることの無いよう，十分にご注意ください。

4．守秘義務
相談上知り得た情報は，一切口外しないでください。

5．機器
パソコン・携帯電話・インターネット回線などの設備・通信費，ブラウザ・メールソフトウェア等の一切を，自己責任と自己負担においてご用意願います。

6．機器及び環境への対策
相談への返信を行う際に使用するパソコン・携帯電話・インターネット回線などの設備・通信費，ブラウザ・メールソフトウェア等の機器について，ウイルス対策や相談情報を他者から見られないようにする等，十分注意を払い対策を講じてください。オンラインカウンセラー個人の事由によりトラブルが生じた場合，当協会は責任を負いかねます。

7．困難時の対応
相談内容や返信期限等について，対応に困難が生じた場合等は，カウンセラーのマイページから「困ったときは」をご参照のうえご対応ください。それでも解決できない場合は，事態を放置せず，必ずすみやかに事務局へご連絡ください。

　いくつかのポイントがあるが，最重要な課題として，2.に「自己研鑽」をあげた。カウンセラーが陥りやすい「思い込み」や「こだわり」「パターン化」などを戒めるために，研鑽の必要性については強調してしすぎることはない。特に，慣れてくるほど怖いものと認識した方がよい。セルフチェックはもちろんのこと，勉強会でのグループチェックや，時にスーパーバイザーによる指導を受けるなど，具体的な状況も含めて内規として謳った。これにより，スキルアップ講座の参加など，研鑽の取組がより活発になることを期待したい。

次に意識したのは，返信のタイミングである。オンラインのやりとりは，リアルタイムでの対面相談と違い，時差が生じるのが特徴だ。カウンセラーも常勤し24時間対応しているわけではないので，相談受信から返答送信までに数時間から数日を要するのが通常だ。最近はチャットカウンセリングなどほぼリアルタイムで返信するオンライン上での試みもなされているし，海外EAP機関ではそれが主流になっているともいう。しかし本協会では今のところ従来のスタイルで，1ケース3往復まで，という方式をとっており，対応者が本業として張り付いているのではない状況を鑑み，返信までの期限を最長「5日」までとした。この返信期限厳守は当たり前なのだが，カウンセラーには結構プレッシャーだ。ただ5日間あれば，仮に対応が困難な場合でも事務局に相談するなどなんらかの策がとれる。じっくり考え，認め直す余裕も生まれる。世の中のニーズはサービスのスピード化で，なるべく早い返信にこしたことはないが，それにより対応の質が下がるのでは本末転倒。5日間を有効に使って有意義な対応をしてほしいと考える。

　それでもどうしても，カウンセラーとしての力量，経験が足りずに，対応に苦慮することはあるだろう。カウンセラーが対応に困った場合の指針を示した（211ページ）。ひとりで抱え込まない，のが大原則である。力不足で難しい，適切な対応は無理だと感じたら，それを正直に相談者に伝える，場合によっては然るべきところと相談し調整する。それが誠実な態度であるし，相談者および自分自身も守ることになる。

　倫理をあまり難しく捉えるよりは，相談する方もされる方も，安心して活用できるためにカウンセリングサービスはどうあるべきか？という視点で書かせていただいた。無料の匿名相談を前提としているので比較的シンプルな内容となったが，もし有料サービスで行うとなれば，相談者も本名で申込，カウンセラーも実名公開など，スキームが変わってくる可能性が高い。そうした場合の倫理課題は，もうすこし詳細につめていく必要があるだろう。

第11章 インターネットと倫理　211

対応に困った時（一部改変）

対応に困ったケースがあった際は，下記を参照ください。
それでも解決が難しい場合は，決して後回しにせずに，事務局まで早急にご連絡ください。

1. 命の危険が感じられた場合
相談者が抱えている気持に寄り添いつつ，規約にもある通り命の危険に関連するご相談についてはお受けできない旨を伝え，相談窓口や医療機関の受診を勧める。
※本サイトにおいては，緊急時の相談窓口を紹介しています

2. 相談の内容への対応が難しい場合（テーマや転移など）
相談者の気持ちに寄り添いつつ，今回の相談が自分には対応が難しい旨を伝え，別のカウンセラーへの再度の相談を促す。
ただし，必ずしも相談者が求めていることは相談についての専門的解決法だけではなく，感情面での受容などの場合もありますので，3往復の中で様子を伺うようにしてからご判断ください。

3. その他
上記以外に対応が難しいと感じた場合は，事務局までご連絡ください。

10-3　インターネットカウンセリングサービスに関する倫理規定

　インターネットカウンセリングサービスに関する倫理規定の参考資料を下記に示す。

インターネットカウンセリングサービスに関する倫理規程

日本オンラインカウンセリング協会倫理委員会
2001 年 9 月 1 日

（インフォームドコンセント）
クライエントがオンラインカウンセリングサービスを受けることを承諾する前
に，起こりうるリスクについてはあらかじめ告知されていなくてはなりません。
特に，カウンセリング上予見される危険，サービスの利点などに関してクライ
エントに知らせておく必要があります。

第1条　プロセス
1　誤解の可能性
カウンセラーは，対面するときより非言語の手がかりが欠けることを認識し，
電子メールのようなテキスト形式のオンラインサービスでは誤解が生じうるこ
とを認識する必要があります。

2　返答所要時間
電子メールなどのリアル・タイムではないコミュニケーション上での問題とし
て，返答までの所要時間があります。クライエントには，メールを送った後ど
のくらいで返答がくるのかの目安を告知しておくことが必要です。

3　カウンセラーのプライバシー
カウンセラーは，自身のプライバシーに関する権利を持っています。

第2条　カウンセラー
クライエントとカウンセラーが対面しない場合では，クライエントはカウンセ
ラーを評価することが難しくなる可能性があり，そのカウンセラーとカウンセ
リングを始めるべきかどうか決定しづらくなる可能性があります。そのため，
カウンセラーに関しての以下の情報が開示される必要があります。
1　名前
クライエントにはカウンセラーの名前が知らされる必要があります。オンライ
ンでは匿名の使用が可能ではありますが，オンラインカウンセリングでは，ク
ライエントにはカウンセラーの名前を知らせなくてはなりません。

第11章　インターネットと倫理　213

2　資格

クライエントにはカウンセラーの能力・経歴について知らされる必要があります。基本としては，資格などの教育歴です。カウンセラーは，さらに専門のトレーニングあるいは経験分野などの補足の情報を収集するなど自己研究に努めなくてはなりません。

3　上記を確認する方法

クライエントがカウンセラーの資格を確認することができるように，カウンセラーは資格を証明する関連機関の連絡先またはウェブ・ページの URL を表示する必要があります。

　第3条　潜在的な利点

クライエントには，オンラインカウンセリングサービスを受けることの潜在的な利点が知らされる必要があります。例えば，電子メールを利用してのカウンセリング潜在的な利点は次のものがあげられます：

・昼夜問わずいつでもメッセージを送信し受け取ることができること
・遠隔地でもコミュニケーションが可能であること
・1回のメッセージで書きたい限り書くことができ，考える時間があること
・一定の匿名性が守られること

などです。

　第4条　潜在的な危険

クライエントには，オンラインカウンセリングサービスを受けるうえでの潜在的な危険について知らされる必要があります。例えば，電子メールの潜在的な危険は，

(1)　メッセージが受信されないおそれ
(2)　機密性が侵害されるおそれ

などです。電子メールは，間違ったアドレスに送信されたり，カウンセラーに気付かれなかった場合などには，うまく受信されないおそれがあります。また，ハッカーやプロバイダーに侵害されたり，どちらかの電子メールアドレスやコンピューターに他人からアクセスされたりすることで，機密性が侵害されるおそれもあります。コンピューターを家族や友人等の他人と共有している場合は，予備の防衛手段を考慮する必要があります。

第5条　代替案

クライエントには，オンラインカウンセリングサービスを受けることの代替案が知らされる必要があります。

例えば，

・対面でのカウンセリングを受けること
・電話でのカウンセリングを受けること
・友達や家族と話をすること
・運動する，リラクセーションすること
・全く何もしないこと

などです。

（手続き一般）

一般に，カウンセラーはオンラインカウンセリングサービスを提供する場合，基本的に対面サービスと同じ手続きに従う必要があります。特に以下の点があげられます。

第6条　能力の範囲

カウンセラーは自己能力の範囲内でカウンセリングサービスを提供する必要があります。対面サービスでは扱えない内容に関しては，オンラインサービスで扱ってはなりません。

第7条　オンラインサービスのしくみ

カウンセラーとクライエントはコミュニケーションの頻度および形式，料金を決める方法やクライエントにかかる費用の概算，および支払方法など同意のもと，カウンセリングを始める必要があります。

第8条　アセスメント

カウンセラーは，オンラインカウンセリングサービスを提供する前に，十分にクライエントに対して必要なアセスメントを行う必要があります。

第9条　クライエントの機密保持

クライエントの機密性は保護される必要があります。クライエントに関する情報はクライエント自身の許可があった場合のみ公開される必要があります。この原則に例外がある場合にはクライエントにはすべて知らされる必要があります。

第11章　インターネットと倫理　*215*

　第10条　記録
カウンセラーはオンラインカウンセリングサービスの記録を安全に保持してお
く必要があります。

（緊急時の対策）
　第11条　手続き
緊急時には，オンラインコミュニケーションは直ちに受信されない可能性があ
ること，居住地域の支援を必要とする可能性があることなどが言及される必要
があります。

　第12条　居住地域の支援
オンラインカウンセリングサービスに特有の問題は，カウンセラーがクライエ
ントから遠く離れている可能性があるということです。この問題で，カウンセ
ラーは緊急時に対応することができなくなる可能性があります。したがって，
カウンセラーは，そのような場合は（以前の主治医など，なるべくそのクライ
エントをすでに知っている）地元の医療機関や関係機関の名前や電話番号を把
握しておく必要があります。

特定非営利活動法人日本オンラインカウンセリング協会について

　特定非営利活動法人日本オンラインカウンセリング協会（Japan Online Counseling Association：JOCA ／ジョカ）は，メンタルヘルスをはじめとする個人のかかえる問題をサポートするカウンセラー・専門家，およびカウンセリングに興味を持ち研究活動をする研究者・学生等に対し，IT 技術を有効活用したカウンセリングの理解を深める促進，研究活動を行い，次世代に必要なカウンセリングに関わる技術の開発，カウンセラーの育成を通じて，国民の福祉の向上，ひいては社会の発展に寄与することを目的としています。

主な活動内容
　□ オンラインカウンセラーの養成
　□ オンラインカウンセラー認定試験の実施
　□ 各種研修セミナーの開催
　　オンラインカウンセラーのためのスキルアップ研修
　　メールカウンセリング技法を基にしたメールコミュニケーションに関する研修
　□ オンラインカウンセリングに関する研究，開発
　□ オンラインカウンセリングの各種普及活動

＊

　さらにメールカウンセリングについてご興味をもたれた方は，是非，特定非営利活動法人日本オンラインカウンセリング協会（JOCA）にアクセスしてみてください。
　　ホームページ　　http：//online-counseling.org/
　　メールアドレス　info@online-counseling.org

　JOCA では，本書の内容を踏まえた「初級オンラインカウンセラー養成講

座」を年に2〜3回程度実施しています。特に，メールカウンセリングにおいては，頭で理解した知識以上に，実際に自分で文章を書いてみることが大切です。見立てを考えて，実際に返信文を書こうとすると手が止まってしまうことは少なくありません。また，他の人の返信文を見ることで，見立てや視点，言葉の使い方など自分の中にはなかったスキルを学び，自分の幅を広げていくことが求められます。養成講座では，こういった演習や他の参加者との関わりを大切にしています。東京での開催が中心ではありますが，是非本書をきっかけに私たちの学びの場にも足を運んでいただけたら幸いです。

　以下，養成講座のカリキュラムをご参照ください。なお，2016年度から，より多くの参加者の参加しやすさなど考慮して，本カリキュラムを2日間で開催できるように検討を重ねています。詳細などは日本オンラインカウンセリング協会（JOCA）のWebページをご参照ください。

初級オンラインカウンセラー養成講座カリキュラム
　※講座内容は変わりませんが，参加者の状況等を踏まえて，順番や内容など変更されることがございます。

〔1日目〕 10：00〜12：00 13：00〜17：00	1．現代のオンライン事情 　(1) 最近のネット事情 　(2) ネット依存の状況 　(3) ネットにまつわるリスク 　(4) ネット時代に対応する心構え 　(5) ネットに関するトラブルの事例検討 2．オンライン相談の概要 　(1) 非対面相談の変遷 　(2) メール相談の定石 3．メール相談の着眼点 　(1) 感情，事実，ポイントの見かた 　(2) 応答の実際 　　・応答の是非を読む 　　・体験メール相談

〔2日目〕 10：00 〜 12：00 13：00 〜 17：00	1．ストレスケアへの基礎知識 　(1) 相談・カウンセリングとは 　(2) メール相談で陥りがちなパターン 　(3) ストレスケアへの基礎知識 　(4) 練習問題とコメント 2．見立て・方針・援助の考え方 　(1) 相談援助活動全般のプロセス〔総論：鳥瞰図〕 　(2) 関わりの初期段階に必要な留意事項〔各論：具体的対応①〕 　(3) ショートケース演習〔各論：具体的対応②〕
〔3日目〕 10：00 〜 12：00 13：00 〜 17：00	1．キャリアカウンセリングの基礎知識 　(1) さまざまなキャリアの理論 　(2) 相談事例の総括 　　・進路選択 　　・キャリア形成および開発 　　・キャリアストレスとその対処 　(3) キャリアカウンセリングとパーソナルカウンセリングの違い 2．事例紹介と見立ての練習 　　・若手の事例 　　・中高年の事例 　　・女性の事例等 3．演習 　　・メールカウンセリングにおける傾聴の実験 　　・陥りがちなパターンと改善方法 　　・相談の終わり方

◇講座の特色

特色1：実践中心のスキルが身につく学習プログラム

　オンラインを活用したカウンセリングの中でも，現在主流となっているメールカウンセリングの技法を中心に3日間，数多くの演習を行いながら，実践的に学びます。

特色2：経験豊富な信頼の講師陣

講師は，臨床心理士，精神保健福祉士，シニア産業カウンセラーなど，さまざまな分野で長年メールカウンセリングを実践してきた経験豊富な講師陣です。

特色3：メンタルヘルスからコミュニケーション，キャリアの領域までをカバー

メンタルヘルスに関するカウンセリングにとどまらず，キャリアカウンセリングなどにも対応したメールカウンセリングのスキルを身に付けます。

特色4：認定試験の受験資格を取得

養成講座を修了すると，JOCAが実施している初級オンラインカウンセラー認定試験を受験することができます。

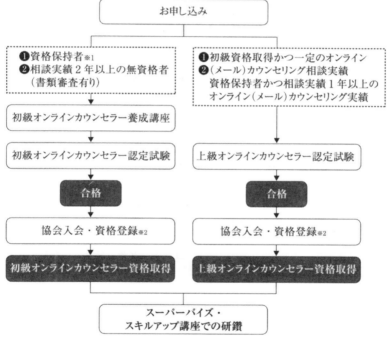

※1　資格保持者とは以下をさす
　①医師　②臨床心理士　③精神保健福祉士　④産業カウンセラー　⑤社会福祉士　⑥心理相談員　⑦キャリアコンサルタント資格（厚生労働省キャリアコンサルタント能力評価試験）
※2　2年以内に協会に入会されない場合、資格は取得できません。

索　　引

〔あ　行〕

IoT　198
挨拶　120
アカウンタビリティ　79, 89
アセスメント　60
アメリカオンラインカウンセリング協会
　　51
アルパネット　51
EAP　26, 49
依存症　154
いのちの電話　26, 51
医療機関　158
インターネット依存　9
インターネット利用率　21
インテーク　79
インパクト・ゴール　88
インフォームドコンセント　79, 89
well-being　87
うつ病　146
エゴグラム　186, 191
SNS　3, 4, 23
LGBT　45, 46, 47
遠隔カウンセリング　22
炎上　8
援助　76
援助計画　80
思いつき援助　77
オンライン授業　16

オンライン相談機関　111

〔か　行〕

外因性　143
関係構築　121
感情移入　76
感情転移　97
勘違い援助　77
危機介入　71
規約　205
逆転移　99
キャリア相談　93
共感　76
共感的理解　55
距離性　33
緊急性（emergency）　86
くどい援助　77
傾聴　76
構成　119
コーチングサービス　111

〔さ　行〕

サイコ　87
支援構造　60, 61
時間の遅れ　33
自己満足援助　78
時代性　3
疾病性（illness）　86

質問　124
社会的手がかりの低下　34
従来型うつ　150
主訴　83, 162
受容　55, 76
ジョイニング　63
事例　99
事例性（caseness）　86
心因性　143
人格障害　151
新型うつ　149, 150
心理書簡法　51, 52
心療内科　156
Skype　135
Skype相談　136
スキルアップ　115
スマホ時代　15
性自認　45
精神科　156
精神疾患　138
精神分析　50
性的指向　45
性的マイノリティ　45
世代性　3
摂食障害　155
セルフヘルプ・グループ　58
相談のこころがまえ　98
相談枠組み　121
ソーシャル　87

〔た　行〕

対面カウンセリング　117
短期目標　88
地域勉強会　73

知恵袋　165
チャット　195
チャットカウンセリング　196
中期目標　88
長期目標　88
提案や情報提供　129
デジタルネイティブ　2, 8
転移　99
統合失調症　144
匿名性　31

〔な　行〕

内因性　143
ニーズ　83
日本オンラインカウンセリング協会
　　51, 216
認知行動療法　56
ネット依存　9, 10
ネットトラブル　184
ネットトラブルアドバイザー　13
ネットマナー　160
ネット恋愛　51

〔は　行〕

バイオ　87
ハンス少年　50
ビッグデータ　198
勉強会　90
方針　76

〔ま　行〕

見立て　76, 85

メッセージ相談　136
メールカウンセリング　1, 9, 19, 49,
　52, 57, 58, 76, 117

〔や　行〕

役割交換書簡法　51, 52
ユビキタス　4
要約　128
よき隣人活動　52
抑制解除　32

〔ら　行〕

ライティング法　51, 52
ライフサイクル　139
ライフプラン　95
LINE　194
ラポール　78
リファー　61, 97
利便性　34
臨床上の懸念事項　35
恋愛　186

執筆者紹介 （執筆順／*は編者）

*中村洸太（なかむら・こうた）―第1章，第10章，コラム7・8
臨床心理士，精神保健福祉士，産業カウンセラー。カリフォルニア臨床心理大学院臨床心理学研究科講師。日本オンラインカウンセリング協会理事。青山学院大学文学部心理学科卒業後，Alliant International University / California School of Professional Psychology にて修士号獲得。東京大学大学院総合文化研究科研究生を経て，現職。セクシュアルマイノリティのメンタルヘルス研究，実践を行う傍ら，心療内科・精神科クリニックでのカウンセラーや大学病院での高次脳機能障害や高齢者の認知機能の検査・研究などを経験。現在は，EAP 関連企業における臨床，研究，開発，研修や，国立大学での相談や高等学校でのスクールカウンセラーを中心に幅広い分野での活動を行う。URL http：//two-half.jpn.com/

宮崎圭子（みやざき・けいこ）―第2章
跡見学園女子大学臨床心理学科および同大学院臨床心理学専攻教授。博士（文学）。臨床心理士（09000）。大阪大学理学部化学科卒業後，企業に勤務。その後，立正大学大学院文学研究科に進学し，後期博士課程単位取得研究指導修了満期退学。日本カウンセリング学会常任理事，日本産業カウンセリング学会常任理事（元副会長），日本臨床心理士会災害対策構想班協力委員等。主な著書として，『サイコエデュケーションの理論と実際』（遠見書房），『カウンセリング心理学』（共著・培風館），『家族療法を超えて』（現代のエスプリ），『図解雑学 臨床心理学』（共著・ナツメ社），『心理カウンセラーになるための本』（共著・ナツメ社），『産業カウンセラー辞典』（共著・金子書房），その他論文多数。研究テーマは，メールカウンセリング，サイコエデュケーション，ポジティブサイコロジー。

渋谷英雄（しぶたに・ひでお）―第3章
臨床心理士，CEAP（国際 EAP コンサルタント）。沖縄県の離島にて空港長を務めた後，大学院に進み，高校スクールカウンセラー，東京大学心理教育相談室等を経て，現在はピースマインド・イープ株式会社国際 EAP 研究センター副センター長。「職場のメンタルヘルス研修」「惨事ケア対応」のほか，EAP コンサルタントの育成を行う。日本オンラインカウンセリング協会理事，EAP コンサルタント普及協会資格委員長，日本 EAP 協会研修委員，東洋大学総合情報学部非常勤講師を務める。近著は，『大人の発達障害と就労支援・雇用の実務』（共著・日本法令），『心理と情報』（共著・インデックス出版）など

安藤　亘（あんどう・わたる）─第4章，第7章，第9章
精神保健福祉士，社会福祉士，ファイナンシャルプランナー（AFP），日本オンライ
ンカウンセリング協会理事。早稲田大学人間科学部卒業後，株式会社リクルート入
社。その後，メンタルヘルスの分野へキャリア変更を果たす。埼玉県地方公務員
（精神保健指導職）として埼玉県立精神保健福祉センター（PSW），保健所（精神保
健福祉相談員）等，メンタルヘルスに関するさまざまな相談援助活動の経験を重ね
る。現在は，社会福祉士・精神保健福祉士事務所「ⅰさぽーとステーション」およ
び「ビヨンドザボーダー株式会社」の代表取締役を務める。

佐藤敏子（さとう・としこ）─第5章，第8章
日本オンラインカウンセリング協会理事長，有限会社キャリアデザインオフィス代
表取締役。筑波大学大学院人間科学研究科修了。シニア産業カウンセラー，2級キャ
リアコンサルティング技能士，精神保健福祉士。主に組織人を対象にメンタルヘル
スおよびキャリア形成の増進に向けて，研修と相談を続け22年。相談を繰り返すこ
とにより認知や意識の拡大，行動目標の想起につながる。この自己成長に至るなん
とも言えない雰囲気が私の仕事の醍醐味である。趣味は身体的な健康増進に水泳，
社会的な健康増進にゴルフ。心理的な健康増進にバイオリンと仕事以外の脳力開発
にも邁進中である。

梅澤志乃（うめざわ・しの）─第6章
日本オンラインカウンセリング協会理事，臨床心理士，2級キャリアコンサルティン
グ技能士。東京家政大学大学院文学研究科心理教育学専攻修了。文学修士。埼玉県
学校相談員，児童思春期精神科クリニックにて勤務の後，株式会社ジャパンEAPシ
ステムズに入社。勤労者のメンタルヘルス問題に関し，社員，人事担当者お呼び管
理職からの相談を受け，自らも管理職としてスタッフに関わる経験を持つ。現在，
株式会社ジャパンEAPシステムズにて統括スーパーバイザー。

関口妙子（せきぐち・たえこ）─第11章
日本オンラインカウンセリング協会理事。NPO法人キーパーソン21元理事。シニア
産業カウンセラー。公的就労支援機関カウンセラー，民間企業人事等を経て，現在
は人材会社にて採用，人材育成業務に従事。

吉井奈々（よしい・なな）─コラム1
一般社団法人JCMA代表理事。元男性でありながら，女性として〔中学時代の同級
生と結婚〕をして「普通の女性の幸せ」を手にいれる。現在は企業の社員研修にて

コミュニケーション講師として活躍。また，筑波大学や早稲田大学を始めとする，数々の大学でも教鞭をとる。毎年多くの生徒から人気を集め，「また来年も聞きたい講義 No.1」に選ばれる。講演テーマ〔また会いたい！と言われる魅力的な人になる方法〕〔インターネット・Web・SNS でのコミュニケーション〕〔相手の心を開くコミュニケーション〕NHK 教育「R の法則」出演。日本テレビ系「解決！ナイナイアンサー」では番組スタートから多くの芸能人の人生相談を 2 年間レギュラーで受け持つ。

薬師実芳（やくし・みか）―コラム 2
特定非営利活動法人 ReBit 代表理事。2013 年，早稲田大学商学部卒業。行政／学校／企業等で LGBT に関する研修を多数実施。キャリアカウンセラーとして LGBT の就労支援を行う。新宿区自殺総合対策若者支援対策専門部会委員，世田谷区第二次男女共同参画プラン検討委員に就任。2015 年，青少年版国民栄誉賞といわれる「人間力大賞」を受賞。世界経済フォーラム（ダボス会議）が選ぶ世界の 20 代 30 代の若手リーダー，グローバル・シェーパーズ・コミュニティ（GSC）選出。著書に『LGBT ってなんだろう？―からだの性・こころの性・好きになる性』（合同出版）がある。特定非営利活動法人 ReBit（http://rebitlgbt.org）

町田悦子（まちだ・えつこ）―コラム 3
精神保健福祉士。駒澤大学法学部卒業後，オートバックスセブン（株）に入社。人事部，品質保証部，カスタマーサービス部，経営企画室に配属され，退社後にメンタルヘルス分野へ転向。精神科クリニックにてグループワーク・訪問看護・就労支援・実習指導を担当し現在に至る。他に山梨県公立小・中学校のスクールカウンセラー，都内保健所にてプログラムワーカーおよび困難事例相談員，行政職員の心の健康相談員，企業での出張カウンセリング，障害者雇用を推進する特例子会社従業員を対象としたメンタルヘルス支援など行いながら，ビヨンドザボーダー（株）にて JOCA 地域勉強会（概ね月に 1 回，平日 10：00 ～ 13：00，大山オフィスにて開催）の事務局を務める。

林　洋子（はやし・ようこ）―コラム 4
心理相談員。日本オンラインカウンセリング協会認定上級オンラインカウンセラー日本オンラインカウンセリング協会元理事。20 年弱，都区内男女共同参画センター相談室でカウンセラーを務める。2016 年 4 月からは横浜メールカウンセリング研究会（YMAC）として横浜（神奈川）を中心にメールカウンセリングの普及とスキルアップの活動を続ける。かながわコミュニティカレッジ内での講座や YMAC 主催のメールカウンセリング基礎講座を開催。月に一回勉強会を開き，オンラインロール

プレイによるメールカウンセリングの実践を通してメールという制約の中でいかに
クライエントと関係性を築いていくかをメンバーと日々検討している。横浜メール
カウンセリング研究会（Yokohama Mail Counseling Study Group 通称 YMAC)
URL　http：//jp.jimdo.com

村田光司（むらた・こうじ）―コラム5
株式会社ボトルボイス代表取締取締役社長。東京都出身。慶応義塾大学総合政策学
部卒業後，株式会社電通入社。営業，2005年愛知万博業務，デジタルメディア業務
を経て，現職。オンラインカウンセリング/コーチングサービス　ボトルボイス
（http：//Bottlevoice.com/）インターネットのスカイプによるビデオ通話で，オンラ
イン上で場所，時間の制約なく資格をもったカウンセラーやコーチとチャットや通
話をできるサービスを提供。入院や通院などの手前の予防的な相談，気づきの段階
でのメンタルサポートサービスとして運営中。

櫻本真理（さくらもと・まり）―コラム6
株式会社 cotree 代表取締役。京都大学教育学部卒業後，モルガン・スタンレー証券，
ゴールドマン・サックス証券にて勤務。株式アナリストとして 2009 年日経アナリス
トランキングその他素材部門 20 位，2010 年同 10 位にランクイン。産業カウンセ
ラー。2014 年 5 月に株式会社 cotree を設立。同社では，個人向けにオンラインカウ
ンセリングサービスの cotree（https：//cotree.jp）を提供するほか，企業向けにメ
ンタルヘルスケアサービスを提供している。

あ　と　が　き

　携帯電話や PHS，インターネットが普及し始めてすこし経った 1997 年に日本オンラインカウンセリング協会は設立された。このころを振り返ると，ポケベルから携帯電話への移行がされ始めたころだろうか。当時，公衆電話の前に行列ができて，目にもとまらぬす速さでメッセージを送るような光景はもはや見かけない。それどころか，NTT 東・西日本における公衆電話設置構成比推移をみると，昭和 60 年代に 90 万台ほどあった公衆電話は 2015 年 3 月末の時点で約 18 万台となっている。携帯電話の普及による影響は否めない。その携帯電話も，他のキャリアにメールが送れるようになり，写真や動画，音楽やゲームが可能となり，それ自体もコミュニケーションの 1 つとなり，技術やコミュニケーションの進歩は留まることを知らない。

　2006 年に本書の前身である『メールカウンセリング─その理論・技法の習得と実際─』を出版した際に，「この本の出版は時代が早かった」と評価をいただく機会が多かった。ご執筆をされた武藤清栄先生，大多和二郎先生，新行内勝善先生，林潔先生，荻原国啓先生，荻原英人先生，武藤収先生，小川妙子先生（執筆順）に改めて敬意を表するとともに，先見の目をもって編集をいただいた川島書店の故黒川喜昭氏には深く御礼を申し上げたい。本書の刊行を目指す作業は，まさに前書刊行以降の 10 年を振り返る作業でもあった。おそらくこれから 10 年の間には，さらに想像しえないような進歩が起きているだろう。何か新しいものが生まれると「危険だ」「悪影響だ」という面に焦点が当たりがちだが，どうすればより安全に快適に使うことができるかという点を大切にしたいものであり，メールカウンセリングも欠点などに焦点が当たりやすいが，メールカウンセリングだけが持つ強みがあることを忘れずに，進化させていってほしい。

　本書の刊行にあたって，臨床現場の第一線で活躍されている執筆者の方々にはまさに急速に変化するインターネット社会を切り取るように執筆をいただい

た。その労に紙面をお借りして心より御礼を申し上げたい。また，本書刊行の
お声がけを下さり，脱稿まで辛抱強く支えていただいた川島書店の中村裕二氏，
編集をご担当くださった杉秀明氏に深謝いたします。

　最後に，本書を手に取って下さった読者の皆さまに，改めて深い敬意と感謝
の念をお伝えさせてください。

　そして，さらにメールカウンセリングについてご興味をもたれた方は，「特
定非営利活動法人日本オンラインカウンセリング協会についてをご覧のうえ，
JOCA にアクセスしてみてください。

　　2017 年 1 月

編者　中村　洸太

メールカウンセリングの技法と実際
　　－オンラインカウンセリングの現場から－

2017年　3月10日　　第1刷発行
2021年11月10日　　第2刷発行

編　者　　中　村　洸　太

発行者　　中　村　裕　二

発行所　　(有)川　島　書　店

〒165-0026
東京都中野区新井2-16-7
電話 03-3388-5065
(営業・編集)電話 048-286-9001
FAX 048-287-6070

© 2017
Printed in Japan

印刷・製本 (株)シナノ

落丁・乱丁本はお取替いたします　　　振替・00170-5-34102
＊定価はカバーに表示してあります
ISBN978-4-7610-0915-1 C3011

どんなことがあっても 自分をみじめにしないためには

A.エリス 國分康孝・石隈利紀・國分久子 訳

カウンセラーの所へ相談に行くほどの悩みではないが，いつも心にひっかかって，いまいち人生が楽しくないということがよくある。常にすっきりしないみじめな自分や，不幸な自分から脱却する自己変革法・自己説得法である論理療法の実際的なガイドブック。　★四六・320 頁 本体 2,500 円
ISBN 978-4-7610-0569-6

森田療法に学ぶ

豊泉清浩 著

森田療法は，神経症克服のための技法として，わが国独自に発展をとげた精神療法であるが，本書は，著者自身の森田療法体験（日誌）を軸にして，森田療法から学ぶべき考え方と生活法が簡潔にかつ滋味豊かに述べられ，読者は生き方に役立つ指針を与えられよう。　★四六・182 頁 本体 1,900 円
ISBN 978-4-7610-0832-1

マイクロカウンセリング

A.アイビイ 福原真知子・椙山喜代子・國分久子・楡木満生 訳編

カウンセリング学習のための"メタ・モデリング"の理論と技法を開発してきたマイクロカウンセリングの 3 冊の原著から，カウンセリングや心理療法の諸理論や概念の統合的技法を編み出した，いま最も注目されている技法の入門―紹介書。　★A5・266 頁 本体 3,200 円
ISBN 978-4-7610-0329-6

アドラー心理学を生きる

ジュリア・ヤン，アラン・ミリレン他 今井康博・日野遼香 訳

アドラーの説く 5 つの人生上のタスク―仕事，愛，交友，自身との関係，そして宇宙との関係―における精神的健康を理解し，その実現に向けた，勇気のハンドブック。（評）美しい翻訳で読みやすい。読むたびに誰かと勇気について語り合いたくなるだろう。　★A5・312 頁 本体 3,800 円
ISBN 978-4-7610-0932-8

はじめての ナラティブ/社会構成主義キャリア・カウンセリング

渡部昌平 著

本カウンセリングは，これまでの過去・現在に対する意味づけから未来を想像するというスタイルを脱構築し，クライエントのナラティブを引き出して，望ましい未来から現在・過去を再構築する，未来志向の新しいカウンセリング論。　★A5・116 頁 本体 1,600 円
ISBN 978-4-7610-0910-6

川 島 書 店

http://kawashima-pb.kazekusa.co.jp/ （価格は税別 2020 年 12 月現在）